# VORDERASIATISCHE SCHRIFTDENKMÄLER DER STAATLICHEN MUSEEN ZU BERLIN

HERAUSGEGEBEN VOM
VORDERASIATISCHEN MUSEUM

NEUE FOLGE, HEFT V
(HEFT XXI)

HELMUT FREYDANK

## MITTELASSYRISCHE RECHTSURKUNDEN UND VERWALTUNGSTEXTE
## II

AKADEMIE-VERLAG · BERLIN
1982

Erschienen im Akademie-Verlag, 1086 Berlin, Leipziger Str. 3–4

Lizenznummer: 202 · 100/219/82
Herstellung: IV/2/14 VEB Druckerei »Gottfried Wilhelm Leibniz«, 4450 Gräfenhainichen · 5829
Bestellnummer: 754 093 6 (2142/V) · LSV 0876
Printed in GDR
DDR 48,–M

## VORWORT DES HERAUSGEBERS

Nachdem im Jahre 1976 mit der Herausgabe der im Berliner Vorderasiatischen Museum zu Berlin aufbewahrten mittelassyrischen Urkunden aus Assur begonnen worden ist (VS XIX = NF III), kann nunmehr mit Heft XXI der Vorderasiatischen Schriftdenkmäler die Ausgabe einer weiteren Anzahl dieser Texte folgen. Wieder lag die Vorbereitung des Bandes in den Händen von H. Freydank, dem an dieser Stelle für seine sorgfältige und mühevolle Arbeit gedankt sei.

Die Herausgabe des Berliner mittelassyrischen Textmaterials wird kontinuierlich fortgesetzt werden, ebenso wie auch die Bearbeitung der Urkunden, die gleichfalls dem Autor übertragen ist

Berlin, im Mai 1979 — Liane Jakob-Rost

# EINLEITUNG

Nachdem mit Heft III (Heft XIX) der Neuen Folge der „Vorderasiatischen Schriftdenkmäler der Staatlichen Museen zu Berlin“ im Jahre 1976 nach längerer Unterbrechung wieder mittelassyrische Texte aus der Berliner Sammlung publiziert worden waren, können nun mit Heft V (Heft XXI) weitere Tafeln dieser Zeit in Kopien vorgelegt werden. Als Titel wurde „Mittelassyrische Rechtsurkunden und Verwaltungstexte II“ (MARV II) gewählt, da MARV (I) durch das vorliegende Heft unmittelbar fortgesetzt wird. Allerdings treten die Rechtsurkunden hier noch weiter zurück, und wiederum sind auch Briefe enthalten, wobei Nr. 5 offensichtlich nicht in den thematischen Rahmen gehört. Es ist beabsichtigt, in der Reihe der „Vorderasiatischen Schriftdenkmäler“ in den nächsten Jahren auch ein drittes Heft mittelassyrischer Texte folgen zu lassen, in das in erster Linie weitere Kār-Tukultī-Ninurta betreffende Tafeln aufgenommen werden sollen. Eine Bearbeitung dieser Texte zusammen mit dem hier und in MARV (I) publizierten Material ist in Vorbereitung.

Für die Auswahl war wieder das Bestreben maßgebend, möglichst aussagekräftige Texte zu bieten, nicht aber unbedingt nach Archiven bzw. Fundnummern vorzugehen.

Von den zum überwiegenden Teil der Verwaltung bzw. der Wirtschaft zuzuordnenden Texten nehmen allein drei (Nr. 1, 6 und 17) nahezu zwei Drittel des Bandes ein, so daß insgesamt nur 32 Nummern auf den 50 Tafeln des Heftes Platz gefunden haben. Nur wenige der Texte sind schon in der älteren Literatur, d. h. namentlich von E. Weidner im AfO zitiert worden, ein Text (Nr. 31) ist in Umschrift bekannt, ein zweiter (Nr. 28) wird hier zum zweiten Mal veröffentlicht. Belegstellen aus einigen der Texte hat der Verf. in den letzten Jahren in mehreren Beiträgen zitiert und ausgewertet. Für die entsprechenden Angaben sei auf die Inhaltsübersicht verwiesen.

Die in MARV II enthaltenen Personennamen haben – ebenso wie die aus MARV (I) – bereits in einem Supplementband zu C. Saporetti, Onomastica medio-assira (OMA), Bd. I und II, Rom 1970, den C. Saporetti zusammen mit dem Verf. vorbereitet hat, Aufnahme gefunden. Die *līmu*-Namen konnten von C. Saporetti noch in seiner in Vorbereitung befindlichen Monographie über die mittelassyrischen Eponymen berücksichtigt werden. Hingewiesen sei hier insbesondere auf den erst durch MARV 51 Vs. 2 und Rs. 10′ bekanntgewordenen Eponymen Ātamar-dēn-Aššur, der mit dem bislang unbekannten Eponymen Aššur-bēl-līte in Nr. 14 erscheint, ferner auf Pa'uzu (Nr. 21) und Ragiššānu (Nr. 22) sowie die Häufung von *līmu*-Namen der Salmanassar-Zeit in Nr. 23 mit der sich abzeichnenden Möglichkeit, ihre zeitliche Abfolge genauer zu bestimmen.

Wiederum geht aus dem folgenden Verzeichnis der Tafeln nach den Fundnummern hervor, daß über die Zuordnung zu Archiven und damit auch über die Herkunft der Texte nicht immer Klarheit besteht. Entsprechend dem Inhalt kommt als Herkunftsort in einigen Fällen wieder Kār-Tukultī-Ninurta in Frage.

Unter der Inventarnummer VAT 16400 (vgl. schon MARV 73) erscheint hier abermals ein Text (Nr. 13), da auch unter dieser Nummer mehrere Fragmente inventarisiert worden waren. Dasselbe gilt für Nr. 2 und Nr. 3, die beide VAT 16394 tragen. Sie sind hier durch die Zusätze (a) und (b) unterschieden worden.

Von den 32 Texten sind 21 nicht gesiegelt, von den Siegelabrollungen der verbleibenden 11 bisher nur vier publiziert und bearbeitet (Nr. 2, 3, 7 und 25; s. jeweils in der Inhaltsübersicht).

Während der gemeinsamen Arbeit am mittelassyrischen Onomastikon ergaben sich zu den vorliegenden Kopien manche Anregungen und Verbesserungen, für die Herrn Prof. Dr. Claudio Saporetti mein herzlicher Dank gilt. Ebenso möchte ich an dieser Stelle Frau Dr. Liane Jakob-Rost, Direktor des Vorderasiatischen Museums, herzlichen Dank sagen für ihr Einverständnis mit der Publikation der Tafeln und mit deren Aufnahme in die Reihe der „Vorderasiatischen Schriftdenkmäler“, ferner Frau B. Gaspar für ihre Hilfe bei der Bereitstellung der Tafeln.

## VERZEICHNIS DER TAFELN NACH DEN FUNDNUMMERN

| | Fund-Nr. | Inv.-Nr. | Heft-Nr. | Eponym | König |
|---|---|---|---|---|---|
| Assur | 11017 y | VAT 16359 | 7 | Urad-ilāni mār Išme-Adad (498) undatiert | TN |
| | 11018 g | 16366 | 11 | undatiert | |
| | 11018 z | 16377 | 29 | Tukultī-Ninurta (482) | TN |
| | 12979 | 18130 | 15 | Datum unvollständig erhalten | |
| | 12989 c | 18132 | 16 | Libūr-zānin-Aššur (?) (301) | TN (?) |
| | 13058 | 18901 | 22 | Ragiššānu | Tp (?) |
| | 13058 kl[1] | 19193 | 19 | Datum nicht erhalten [Usāt-Marduk (510) und Ellil-ašarēd (198)] | Sa |
| | 14446 bi | 9013 | 32 | Aššur-le'i mār Ibašši-ilī (124 f.) | Ead (!) |
| | 14446 bs | 9019 | 31 | [ ] mār Ibašši-ilī | |
| | 14446 dc | 8760 | 25 | undatiert | |
| | 16235 br | 19195 | 23 | Aššur-da'issunu? (110) mār Lullāje? | Sa |
| | 16235 s | 18051 | 5 | Datum nicht erhalten | TN (?) |
| | 16257 a + f | 18050 | 10 | Datum unvollständig erhalten | |
| | 16308 g | 18086 | 27 | Datum nicht erhalten | Sa-TN |
| | 18767 ac | 18066 | 21 | Pa'uzu | Tp |
| | 18771 | 16400 | 13 | Datum nicht erhalten | Tp |
| | 18771 m | 18052 | 18 | Datum unvollständig erhalten | |
| | 18771 w | 16394 (a) | 2 | Tukultī-apil-Ešarra (481 f.) | Tp |
| | 18771 w | 16394 (b) | 3 | Datum unvollständig erhalten | Tp |
| | 18773 ap | 18065 | 14 | (Ātamar-dēn-Aššur und Aššur-bēl-līte) | Tp (?) |
| | 18775 c | 18054 | 8 | Datum nicht erhalten | Tp |
| | 18782 aa | 18021 | 24 | Ina-ilīja-allak (254 f.) | Tp |
| ohne Nr. | | 9041 | 4 | Datum nicht erhalten | |
| ohne Nr. | | 8715 | 12 | Mušallim-Adad (332) | TN |
| ohne Nr. | | 8708 | 26 | Ittabši-dēn-Aššur (271) | Sa-TN |
| ohne Nr. | | 10044 | 28 | Ilī-iddina (245) | Ašbk |
| ohne Nr., zu T (Tulūl 'Aqīr) 232 XI? | | 18039 | 9 | Datum nicht erhalten | TN (?) |
| ohne Nr. T (?) | | 18137 | 1 | Datum nicht erhalten | TN (?) |
| ohne Nr. T (?) | | 18087 + | 6 | Datum nicht erhalten | TN |
| ohne Nr. T (?) | | 18007 | 17 | Abī-ilī (28) und Šulmānu-šuma-uṣur (469 f.) | TN |
| ohne Nr. T (?) | | 18001 | 20 | Abī-ilī mār Katiri (28) | TN |
| ohne Nr. | | 18018 | 30 | Qarrād-Aššur (373 f.) | TN |

# INHALTSÜBERSICHT

**1** VAT 18137, ungesiegelt, ohne Fund-Nr., aus Kār-Tukultī-Ninurta. Namensverzeichnis von Mannschaften des Königs (VII 26) bzw. Personengruppen in der Verfügung eines Mitgliedes der jeweiligen Gruppe (vgl. z. B. I 1 und 11; II 10 und 26; III 3 und 8).

**2** VAT 16394 (a), Hüllenbruchstück, Fund-Nr. Assur 18771 w, gesiegelt. Zum Eponymen s. E. Weidner, AfO 16 (1952–1953), 214, Nr. 8. Das Siegel ist bearbeitet von A. Moortgat, ZA NF 14 (1944), 32 (Abb. 24).

**3** VAT 16394 (b), Hüllenbruchstück, Fund-Nr. Assur 18771 w, gesiegelt. Das Siegel ist bearbeitet von A. Moortgat, ZA NF 14, 41 (Abb. 43).

**4** VAT 9041, Rs. gesiegelt (?), ohne Fund-Nr., aus Assur. Fragment einer Rechtsurkunde, Schafe betreffend.

**5** VAT 18051, ungesiegelt, Fund-Nr. Assur 16235 s. Brieffragment aus der Königskorrespondenz (?); nennt Tukultī-Ninurta (9') und möglicherweise Kār-Tukultī-Ninurta (2'); 12'f. mA neu *be-ru-un-ni* (vgl. AHw 128a und CAD Vol. 2 [B] 247).

**6** VAT 18087+18136+18152+18157+18162+18163, ungesiegelt, ohne Fund-Nr., aus Kār-Tukultī-Ninurta. Verzeichnis nach Kār-Tukultī-Ninurta deportierter hurritischer Bauarbeiterfamilien nebst beweglicher Habe und Saatfeldern. Bearbeitung durch den Verf. in AoF VII; vgl. allgemein zum Text schon Verf. in: J. Herrmann, I. Sellnow, Die Rolle der Volksmassen in der Geschichte der vorkapitalistischen Gesellschaftsformationen, Berlin 1975, 59 und Anm. 17; ferner mit falschen Schlußfolgerungen in AoF IV (1976), 124–127 und zu einzelnen Namen in: Or. 45 (1976), 178–181.

**7** VAT 16359, gesiegelt, Fund-Nr. Assur 11017 y. Quittung über 3 *qa* Honig. Zum Eponymen s. E. Weidner, AfO 13 (1939–1941), 113 Nr. 4. Zum Siegel s. A. Moortgat, ZA NF 13 (1942), 53.

**8** VAT 18054, ungesiegelt, Fund-Nr. Assur 18775 c. Brief des Šamaš-abi-ēdi an Ezbu-lēšir, betreffend sechs Eselslasten Sesam.

**9** VAT 18039, ungesiegelt, ohne Fund-Nr., vielleicht zu T 232 XI. Z. 6' *pānū šatti* „Frühjahr" (vgl. AHw 820a) im Plural *ša 7 pa-ni ša-na-te*. Zu 1'f. vgl. KAJ 310 Rs. 63f.

**10** VAT 18050, ungesiegelt, Fund-Nr. Assur 16257 a+f. Fragment einer Verwaltungsurkunde.

**11** VAT 16366, ungesiegelt, Fund-Nr. Assur 11018 g. Verwaltungsurkunde, Rinder betreffend. Vgl. E. Weidner, AfO 13 (1939–1941), 111.

**12** VAT 8715, ungesiegelt, ohne Fund-Nr., aus Assur. Verwaltungsurkunde, Schafhäute betreffend.

**13** VAT 16400, gesiegelt, Fund-Nr. Assur 18771. Hüllenbruchstück einer Verwaltungsurkunde, nicht zur Tafelhülle von VAT 16400 (MARV 73) gehörig!

**14** VAT 18065, ungesiegelt, Fund-Nr. Assur 18773 ap. Verzeichnis des *gina'u*-Opfers in Form von Broten und Bier für bestimmte Zeitabschnitte innerhalb mehrerer Jahre. Während nach dieser Tafel der *līmu* Aššur-bēl-līte auf Ātamar-dēn-Aššur zu folgen scheint, ist in MARV 51 Rs. 10'f. nach diesem ein *līmu* Adad-mušabši genannt. Wenn MARV 51 Lieferungen aus mehr als zwei Jahren notiert, so wäre Aššur-bēl-līte mit großer Wahrscheinlichkeit zwischen Ātamar-dēn-Aššur und Adad-mušabši einzusetzen, möglicherweise also eine Folge von drei Eponymen ermittelt. – Zur Textgruppe s. E. Weidner, AfO 16 (1952–1953), 213 (Anm. 44); vgl. auch KAJ 306a.

**15** VAT 18130, ungesiegelt, Fund-Nr. Assur 12979. Fragment einer Verwaltungsurkunde.

**16** VAT 18132, ungesiegelt, Fund-Nr. Assur 12989 c. Fragment einer Verwaltungsurkunde.

**17** VAT 18007, gesiegelt, ohne Fund-Nr., vielleicht aus Kār-Tukultī-Ninurta. Zu der eng beschriebenen Tafel fanden sich mehrere Hüllenbruchstücke, die aber nur in einigen Fällen Joins ergaben. Sie bieten anscheinend einen im wesentlichen identischen Text, wenn auch die Reihenfolge, soweit erkennbar, nicht immer übereinstimmt und Abweichungen im Wortlaut auftreten. Somit hatte den Schreibern offenbar kein weiteres Exemplar des Textes bei der Niederschrift der Hüllentafel zur Verfügung gestanden. Der Text betrifft die Verpflegung verschiedener im Auftrage des Königs tätiger, meist deportierter Mannschaften. Zur Textgattung vgl. MARV 1 und Verf., in: AoF I (1974), 55–89; zu einzelnen Stellen des Textes s. Verf., in: J. Herrmann, I. Sellnow (Hrsg.),

Die Rolle der Volksmassen in der Geschichte der vorkapitalistischen Gesellschaftsformationen, Berlin 1975, 60f., sowie ders., in: AoF IV (1976), 112, 115–118.

**18** VAT 18052, gesiegelt, Fund-Nr. Assur 18771 m. Fragment einer Rechtsurkunde?.

**19** VAT 19193, ungesiegelt, Fund-Nr. Assur 13058 kl (Assur Photo 4160). Verzeichnis der Häute von geopferten Schafen und Ziegen, die der *ša kurultê* erhalten hat. Die Liste nennt für zwei Jahre die betreffenden Zahlen bei jedem Monat des assyrischen Kalenders. E. Weidner behandelte den Text, der ihm nur nach dem Photo bekannt geworden war, hinsichtlich des Jahresbeginns und der Reihenfolge der Monate in einer kleinen Mitteilung in AfO 5 (1928–1929), 184f. Die zunächst nach der Tafel angefertigte Kopie ist nach dem Grabungsfoto, das noch die rechte untere Tafelecke zeigt, die heute am Original fehlt, ergänzt worden. Nach dem Tafelfoto ergab sich für das erste Jahr das Eponymat des Usāt-Marduk (Vs. 15), der also von Ellil-ašarēd (Rs. 9′) gefolgt wurde.

**20** VAT 18001, ungesiegelt, ohne Fund-Nr., vielleicht aus Kār-Tukultī-Ninurta. Urkunde über den Empfang von zu Schiff aus der Stadt Tillê gebrachtem Getreide in Assur und Kār-Tukultī-Ninurta.

**21** VAT 18066, ungesiegelt, Fund-Nr. Assur 18767 ac. Verzeichnis der *gina'u*-Opferlieferungen aus den Städten bzw. Provinzen Assyriens im Eponymat des Pa'uzu. Vgl. zu diesem KAV 21,10 (E. Weidner, AfO 16 [1952–1953], 214). Zu den Texten dieser Gruppe s. E. Weidner, AfO 10 (1935–1936), 13 (Anm. 87) und 21 (Anm. 148) sowie ders., AfO 16 (1952–1953), 213, wo er sie als „Aufstellungen über die Abgaben der einzelnen assyrischen Verwaltungsbezirke mit genauen Listen dieser Bezirke" charakterisiert. hat.

**22** VAT 18901, ungesiegelt, Fund-Nr. Assur 13058. Urkunde über den Empfang und die kultische und profane Verwendung bestimmter Mengen Öl mit Nennung der Anlässe.

**23** VAT 19195, ungesiegelt, Fund-Nr. Assur 16235 br. Urkunde über die *tēlītu*-Abgabe von bestellten Feldern der Stadt Hiše ... [mit Nennung des *tēlītu*-Ertrages je *ikû* und über die weitere Verteilung des Getreides.

**24** VAT 18021, gesiegelt, Fund-Nr. Assur 18782 aa (vgl. E. Weidner, AfO 16 [1952–1953], 214). Innentafel mit Hüllenfragmenten. Urkunde über den Empfang von Getreide und Sesam, wahrscheinlich des *gina'u*-Opfers. Die Nennung von Honig und *azamru* (Z. 20) sowie die mehrfache Erwähnung des Ezbu-lēšir als *rab gina'e* unterstreicht die Beziehung des Textes zu den *gina'u*-Listen der von Nr. 21 repräsentierten Art.

**25** VAT 8760, gesiegelt, Fund-Nr. Assur 14446 dc. Brief der Aba-ra'ītu an Erabbi, Bier betreffend. Zum Siegel s. O. Weber, Altorientalische Siegelbilder, Bd. 1 und 2 (Der Alte Orient 17/18), Leipzig 1920, Abb. 33, und die Bearbeitung von Th. Beran, ZA NF 18 (1957), 166f.

**26** VAT 8708, ungesiegelt, ohne Fund-Nr., aus Assur. Verwaltungsurkunde, Häute von Schafen? und Ziegen betreffend.

**27** VAT 18086, ungesiegelt, Fund-Nr. Assur 16308 g. Fragment einer großen Verwaltungsurkunde mit dem Namensverzeichnis von männlichen und weiblichen Arbeitskräften, anscheinend nebst Angaben über deren Verpflegung mit Getreide. Nach Rs.? VI? könnte es sich um Personen des Status *šiluḫlu* (vgl. AHw 1237a) handeln, die hier zusammen mit den Bewohnern einer sonst unbekannten Stadt ($^{\mathrm{URU}}$*Ti-šu-ka-JA-u*) genannt werden bzw. selbst als solche gekennzeichnet sind. Wegen der mehrfachen Erwähnung von $^{\mathrm{TÚG}}$*maš-ḫi-ri* (Vs.? III? 10′; IV? 2′–4′) sei für KAJ 266,5 (s. AHw 625b) eine Ergänzung zu 24 $^{\mathrm{TÚG}}$*ma-aš-ḫu-*[*ru*?/*ri*?] vorgeschlagen. Zu den Personennamen Ṣilli-Ḫaldê (Rs.? V? 10′) und Errimena (Rs.? V? 23′) vgl. Verf., in: Drevnij Vostok 2 (Erevan 1976), 86–88.

**28** VAT 10044, ungesiegelt, ohne Fund-Nr., aus Assur. Quittung über den Empfang von Drogen durch einen Beschwörer. Die Tafel ist bereits publiziert als BAM 263 (F. Köcher, Die babylonisch-assyrische Medizin in Texten und Untersuchungen, Bd. 3, Berlin 1964, Taf. 60). Vgl. inzwischen mit einigen Verbesserungen zum Text W. Farber – H. Freydank, Zwei medizinische Texte aus Assur, in: AoF V (1977), 255–258.

**29** VAT 16377, ungesiegelt, Fund-Nr. Assur 11018 z. Liste von Schafböcken mit Angabe ihrer Verwendung – zumeist als Opfertiere – an fünf Tagen. Vgl. OMA II 307.

**30** VAT 18018, ungesiegelt, ohne Fund-Nr. Namenverzeichnis von 49 Läufern (l. Rd. 49″: $\mathrm{KAŠ}_4^{\mathrm{MEŠ}}$ $\mathrm{GAL}^{\mathrm{MEŠ}}$, vgl. dazu auch Nr. 17:4). Tafel (*lē'u*) des Königs (Rd. 48′f.).

**31** VAT 9019, gesiegelt, Fund-Nr. 14446 bs. Darlehen über Korn mit Verfallspfand. Umschrift und Übersetzung bei M. David, E. Ebeling, Assyrische Rechtsurkunden, Stuttgart 1929, 46f. (Nr. 53); Rs. 22 lies ÌR-$^{\mathrm{d}}$ $^{\mathrm{ÍD}}$ I[DIGNA] gegenüber ebd. $^{\mathrm{d}}$*A-šur-*[ ].

**32** VAT 9013, gesiegelt, Fund-Nr. 14446 bi. Rechtsurkunde über die Anfertigung von 14 Bogen mit einer Klausel über die Zahlung einer festgelegten Menge Blei je Bogen im Fall der Nichterfüllung innerhalb von zwei Monaten. Vgl. zu diesem Text MARV 20 und VAT 15400 (E. Weidner, AfO 10 [1935–1936], 30). Zum Eponymen s. E. Weidner, AfO 13 (1939–1941), 312b.

## KONKORDANZ DER MUSEUMSNUMMERN (VAT)

| Inv.-Nr. | Heft-Nr. | Inv.-Nr. | Heft-Nr. |
|---|---|---|---|
| VAT 8708 | 26 | VAT 18051 | 5 |
| 8715 | 12 | 18052 | 18 |
| 8760 | 25 | 18054 | 8 |
| 9013 | 32 | 18065 | 14 |
| 9019 | 31 | 18066 | 21 |
| 9041 | 4 | 18086 | 27 |
| 10044 | 28 | 18087+ | 6 |
| 16359 | 7 | 18130 | 15 |
| 16366 | 11 | 18132 | 16 |
| 16377 | 29 | +18136+ | 6 |
| 16394 (a) | 2 | 18137 | 1 |
| 16394 (b) | 3 | +18152+ | 6 |
| 16400 | 13 | +18157+ | 6 |
| 18001 | 20 | +18162+ | 6 |
| 18007 | 17 | +18163 | 6 |
| 18018 | 30 | 18901 | 22 |
| 18021 | 24 | 19193 | 19 |
| 18039 | 9 | 19195 | 23 |
| 18050 | 10 | | |

# TAFELN

# 1

VAT 18137 22,2×19,8

Vs. I

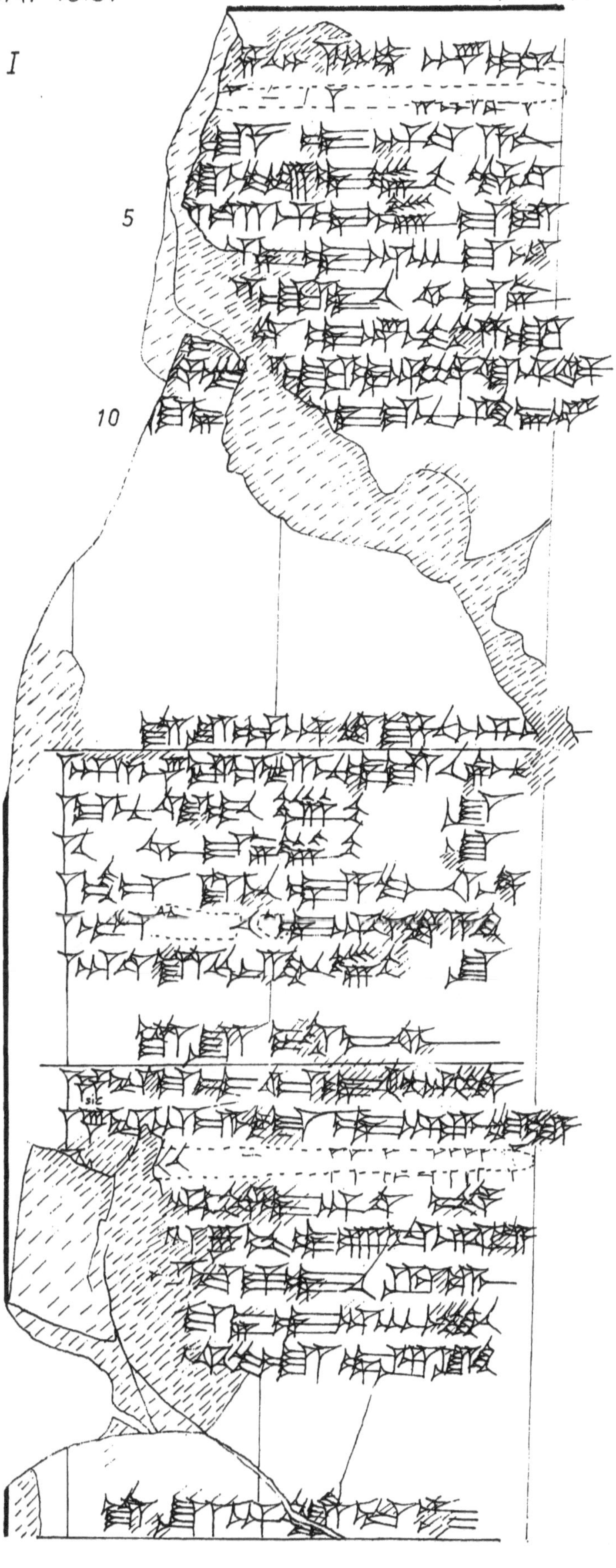

**1** (Forts.)

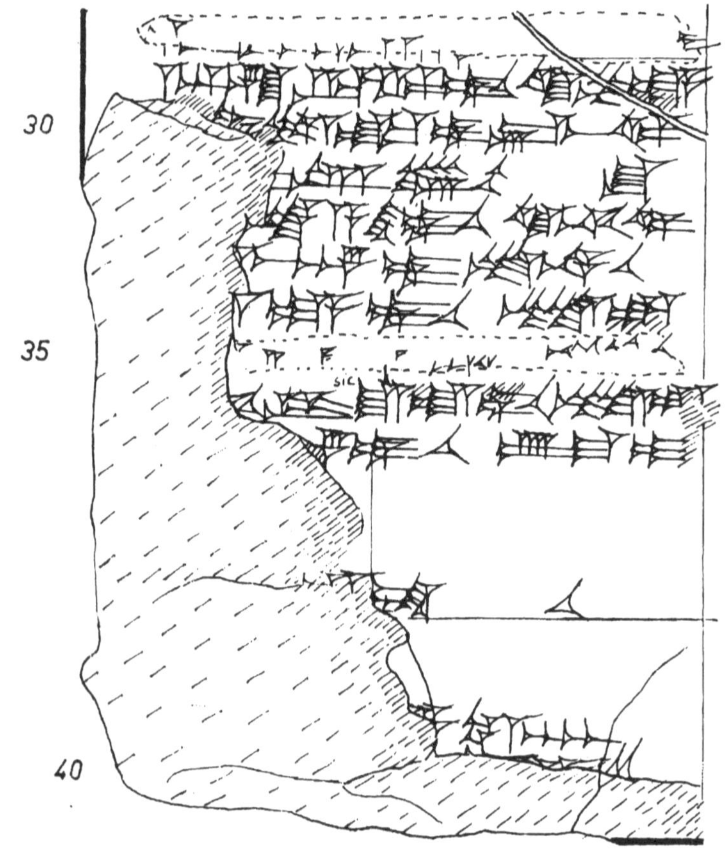


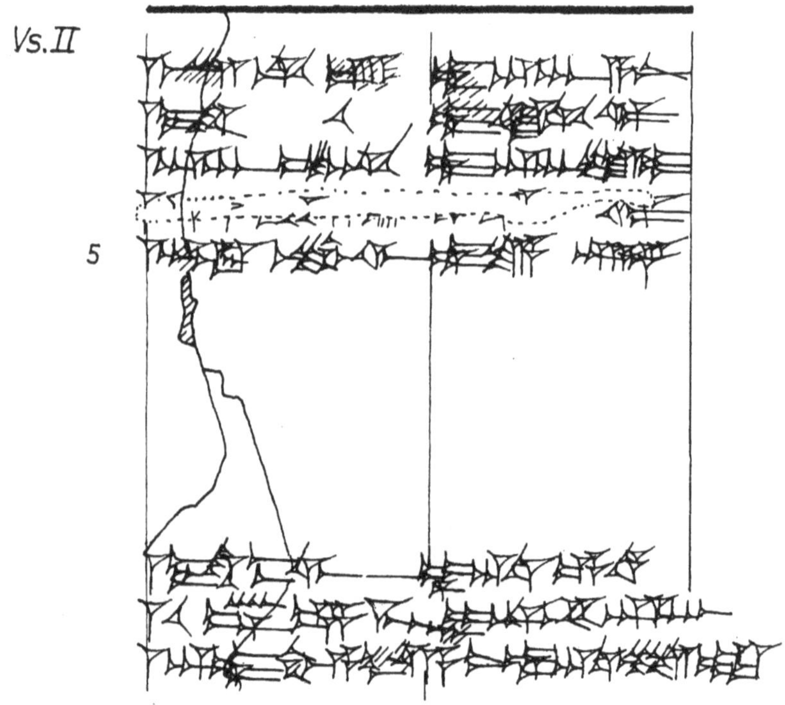

1 (Forts.)

Vs. II

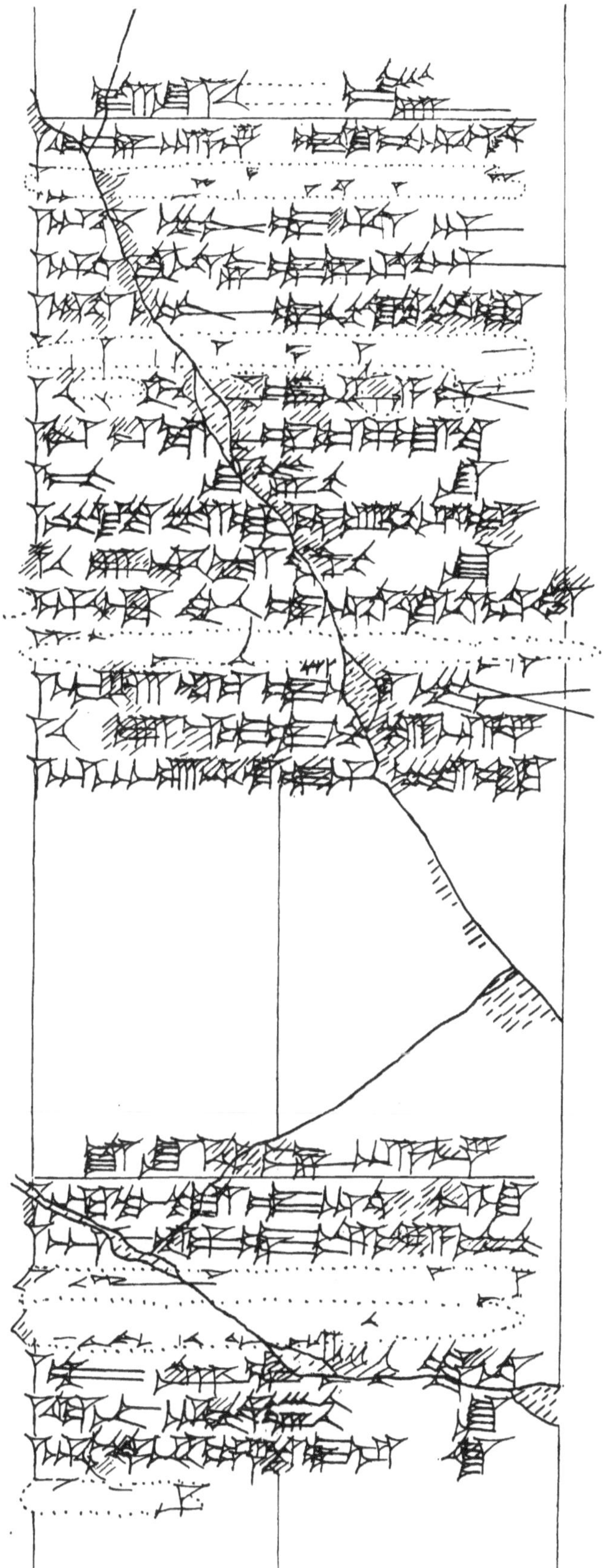

**1** (Forts.)

Vs. III

## 1 (Forts.)

Vs. III

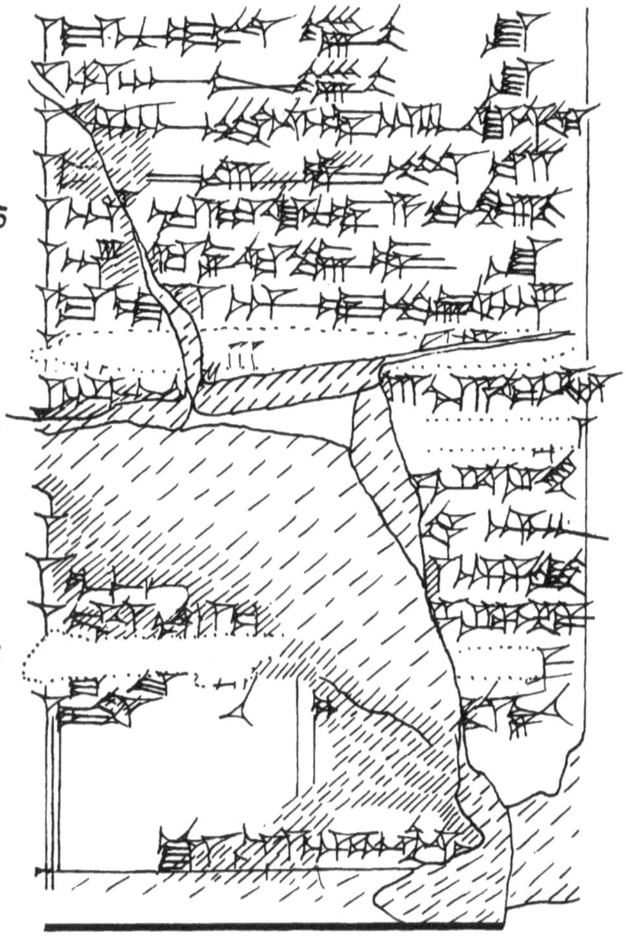

Vs. IV

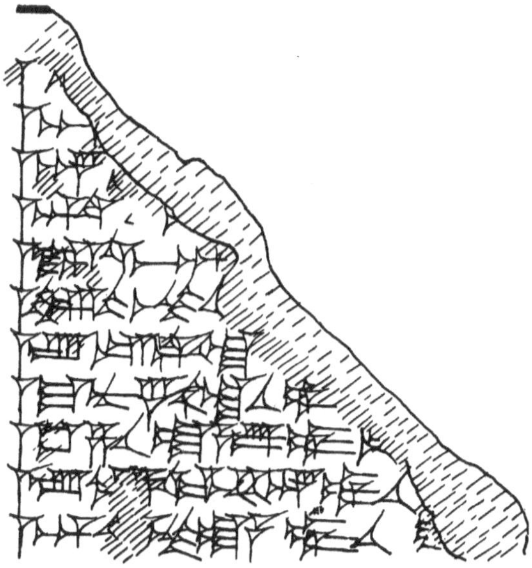

**1** *(Forts.)*

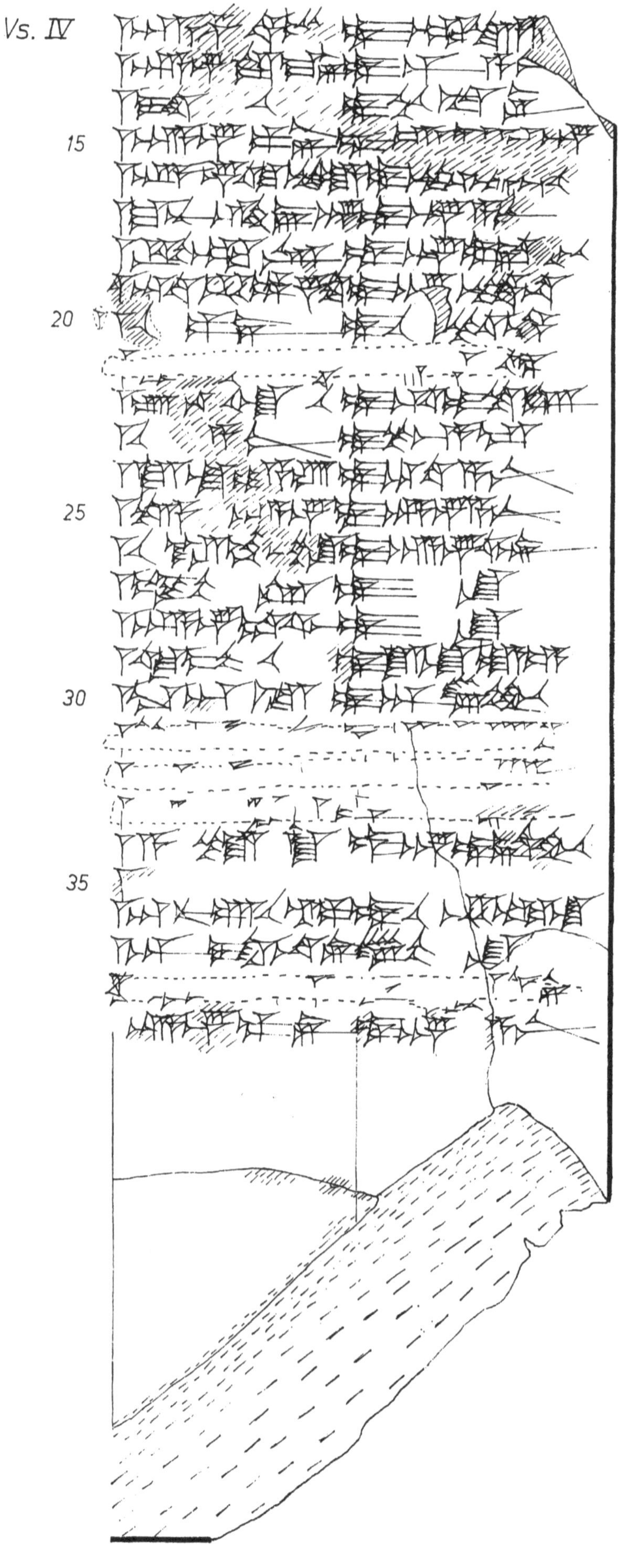

**1** (Forts.)

u. Rd.

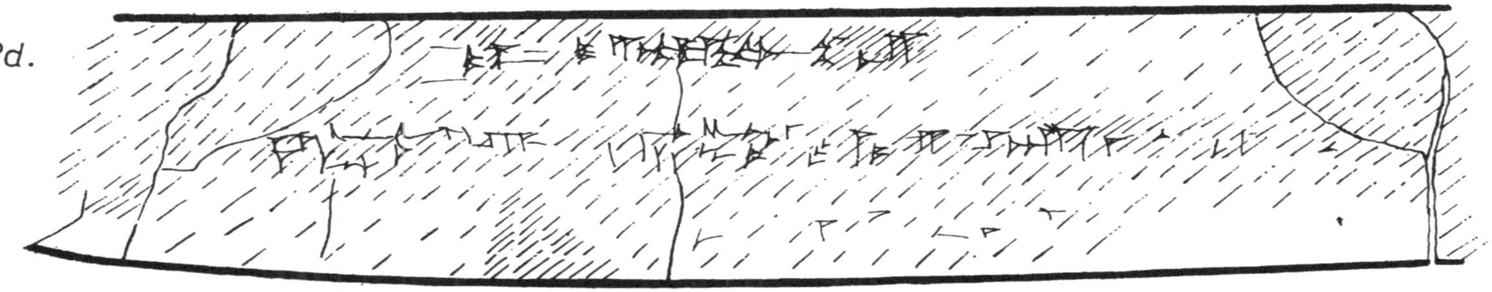

**2**

VAT 16394 5,7×6,7

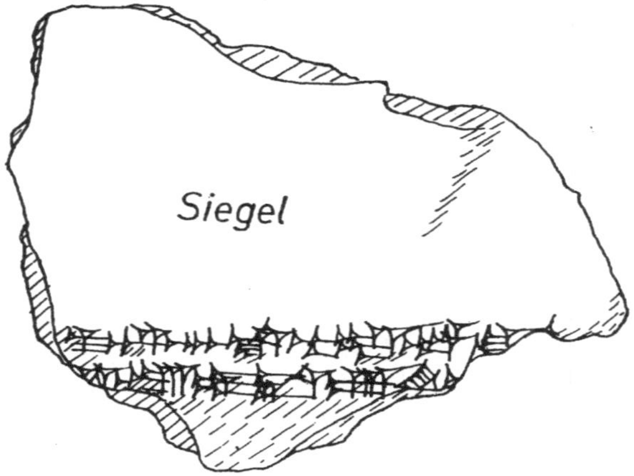


**3**

VAT 16394 5,0×5,3

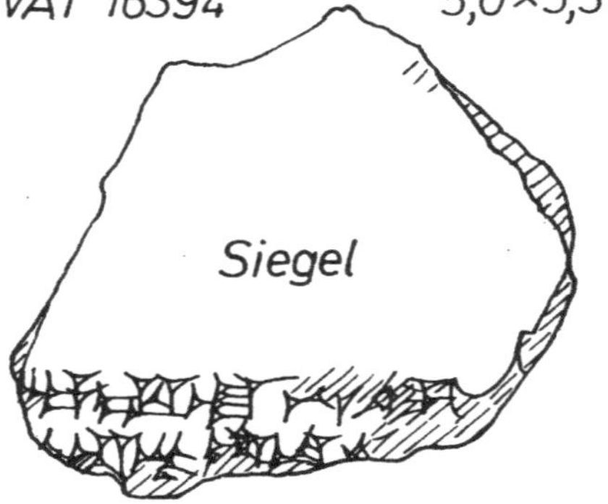


**4**

VAT 9041 6,3×3,9

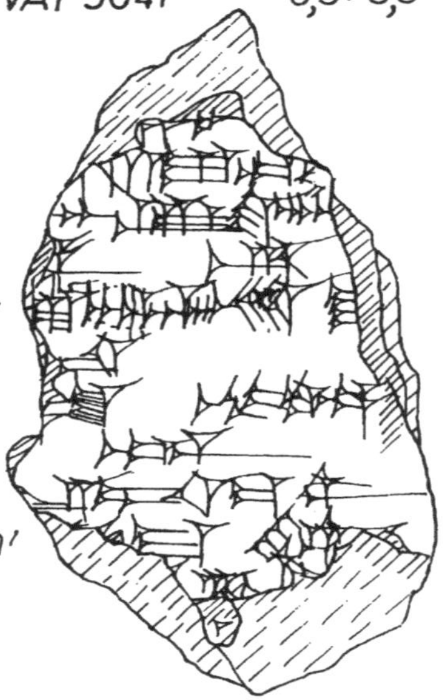


Rs. unbeschrieben

**1** (Forts.)

Rs. VI

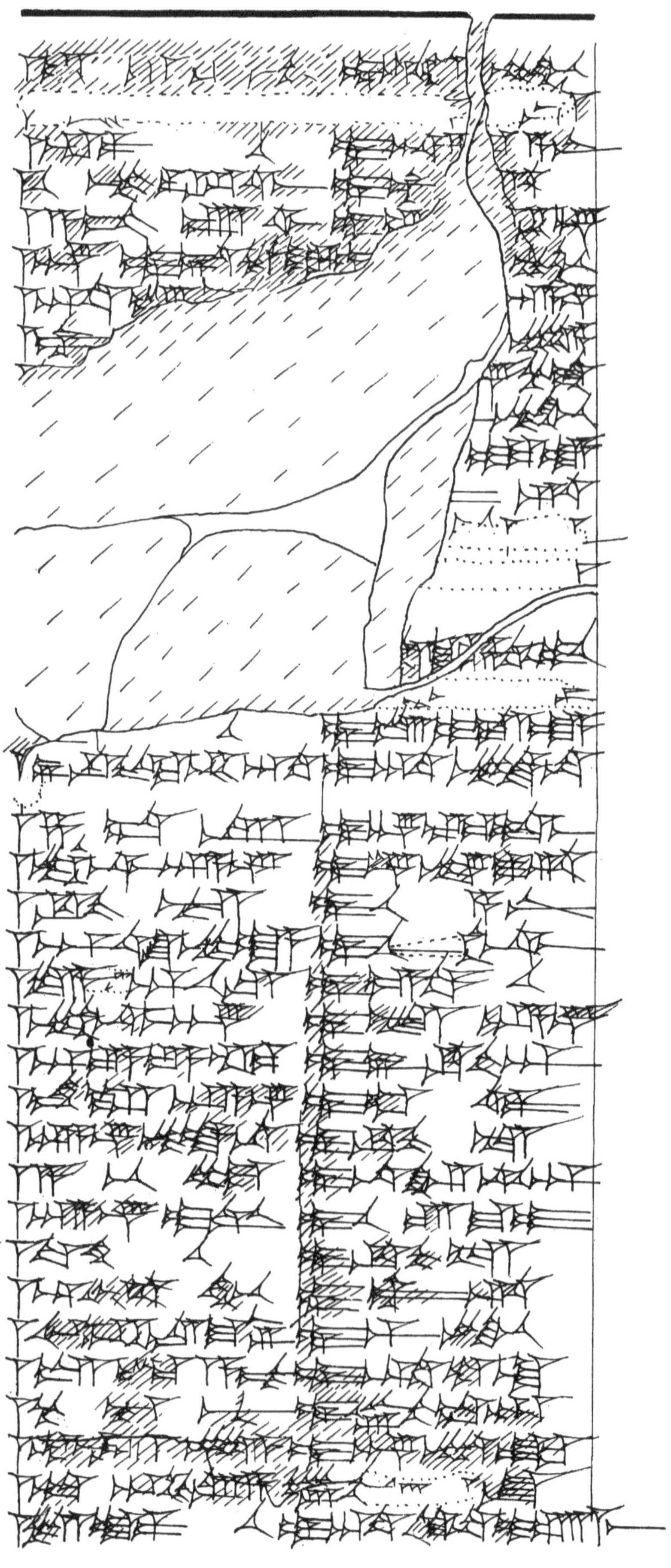

**1** *(Forts.)*

Rs. VI

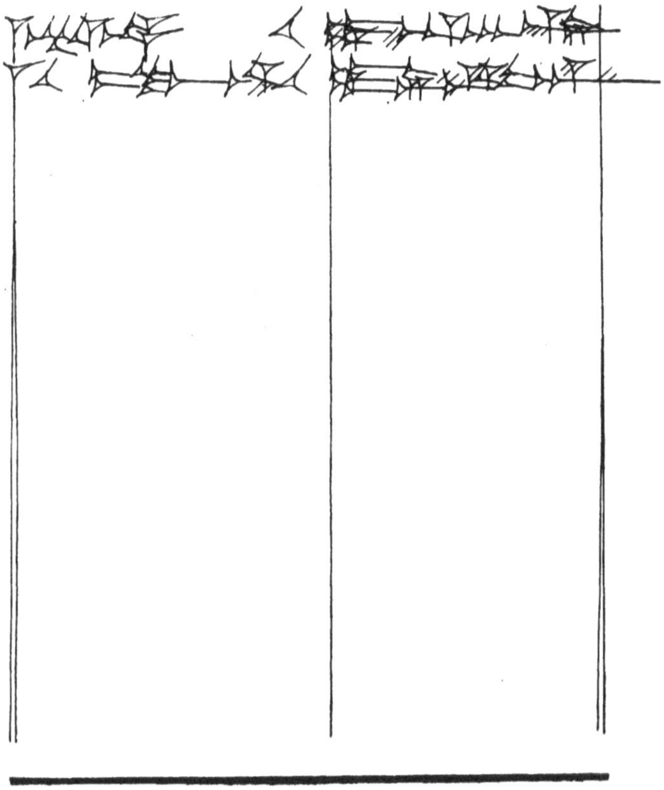

Rs. VII

**1** *(Forts.)*

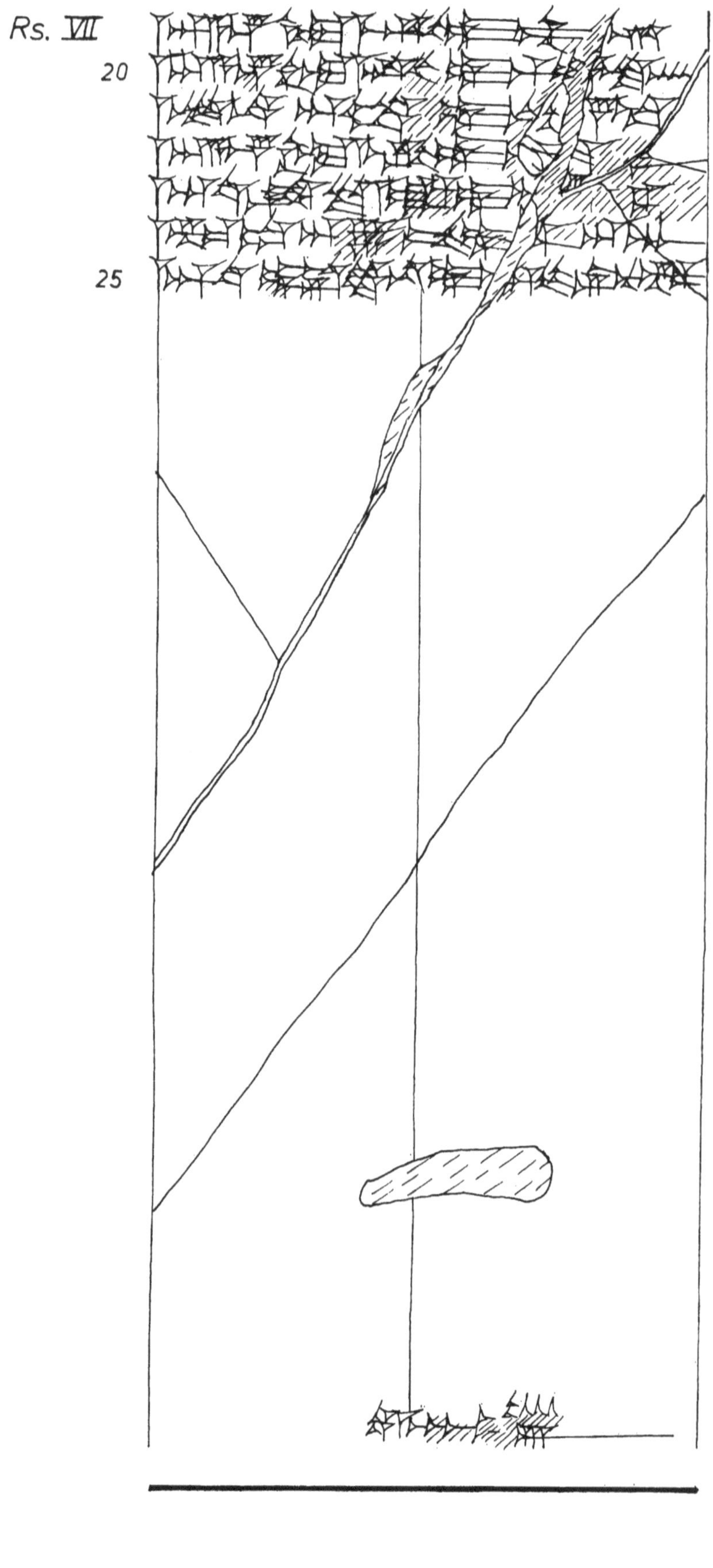

## 1 (Forts.)

Rs. VIII

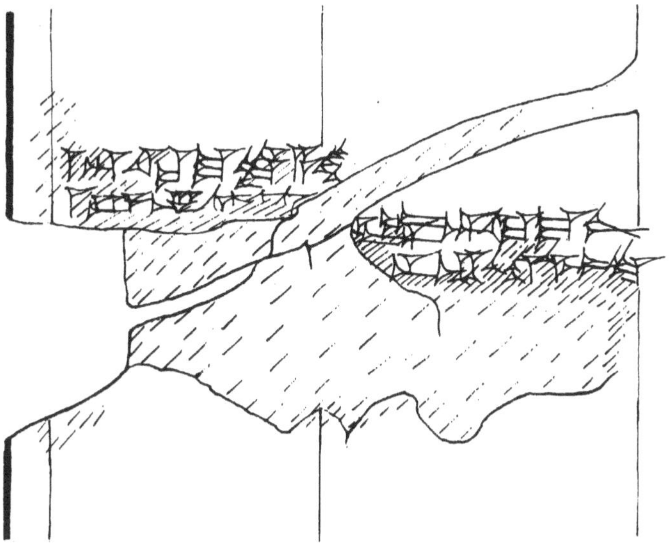

Rest der Kolumne unbeschrieben

## 5

VAT 18051 7,5×7,6

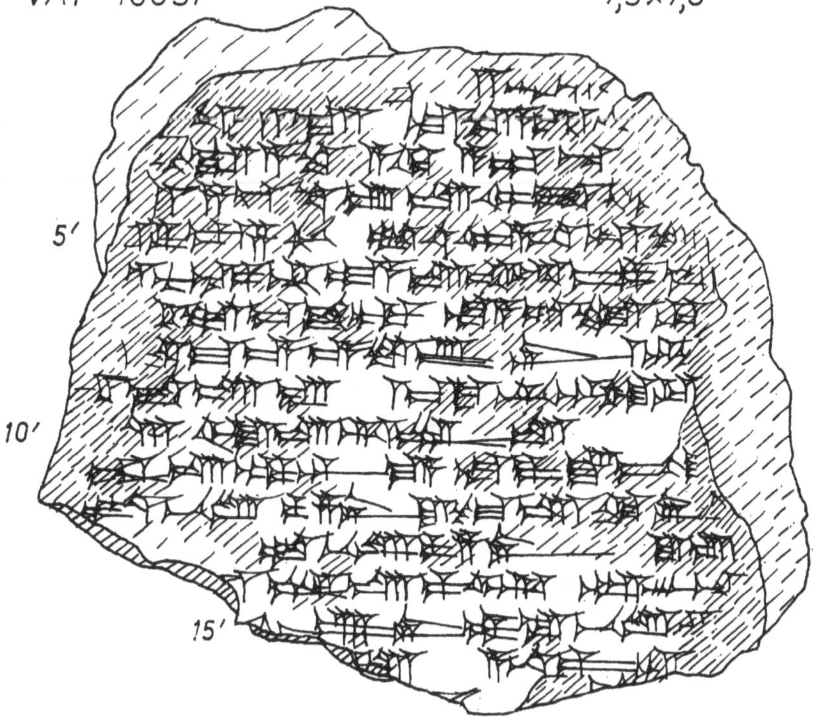

Rs. abgebrochen

**6**

VAT 18087+ 34,0×23,5

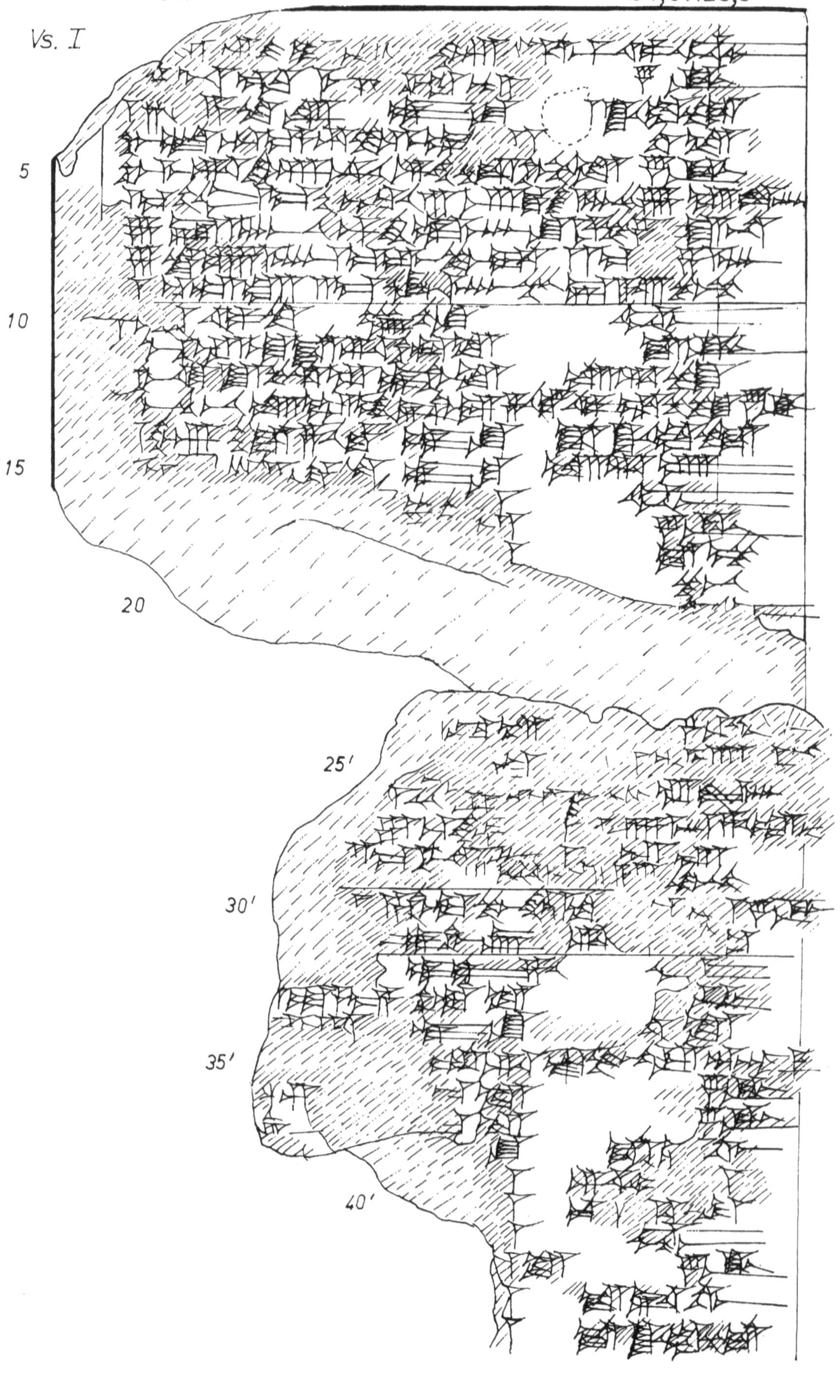

# 6 (Forts.)

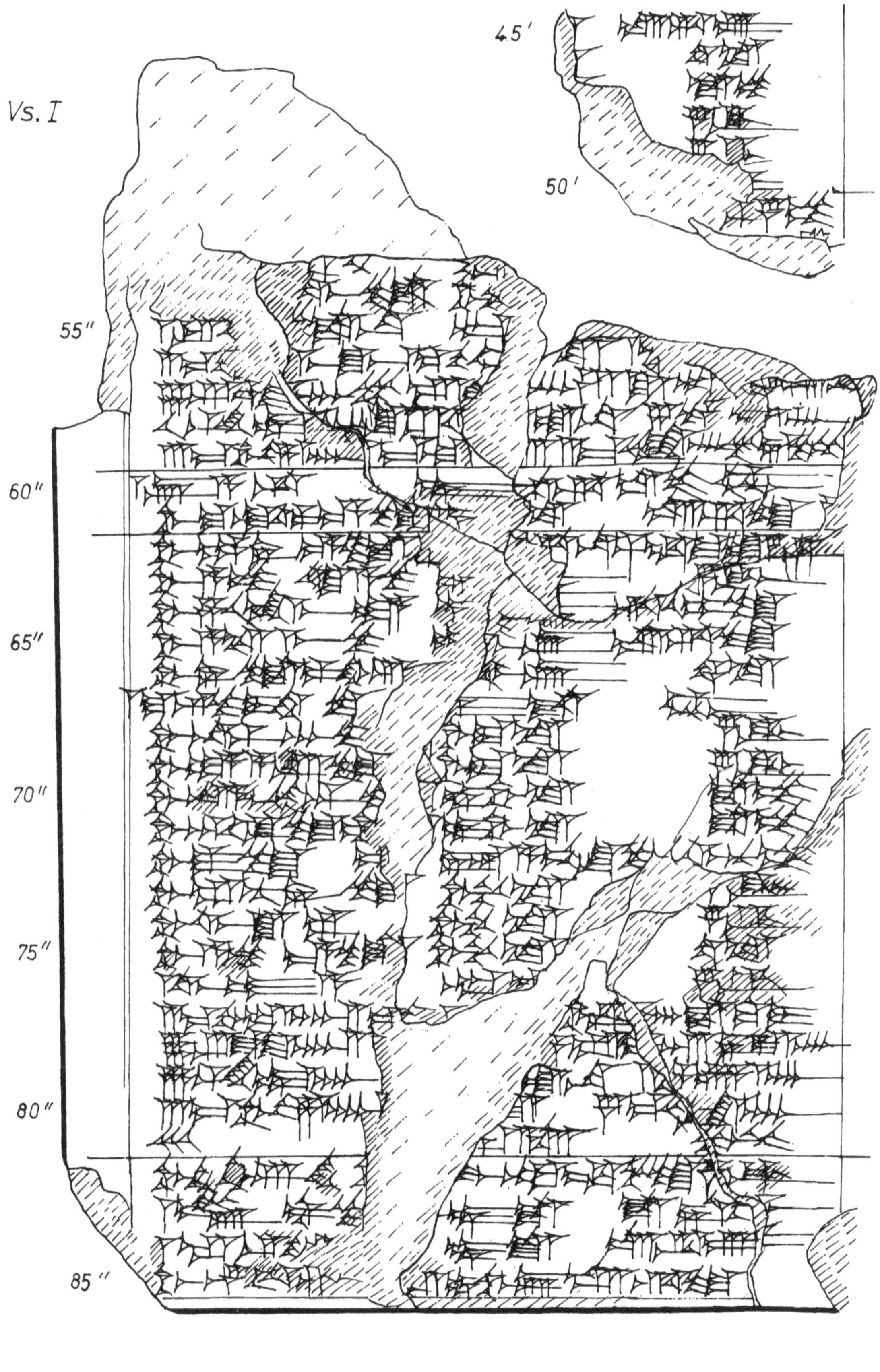

## 6 (Forts.)

Vs. II

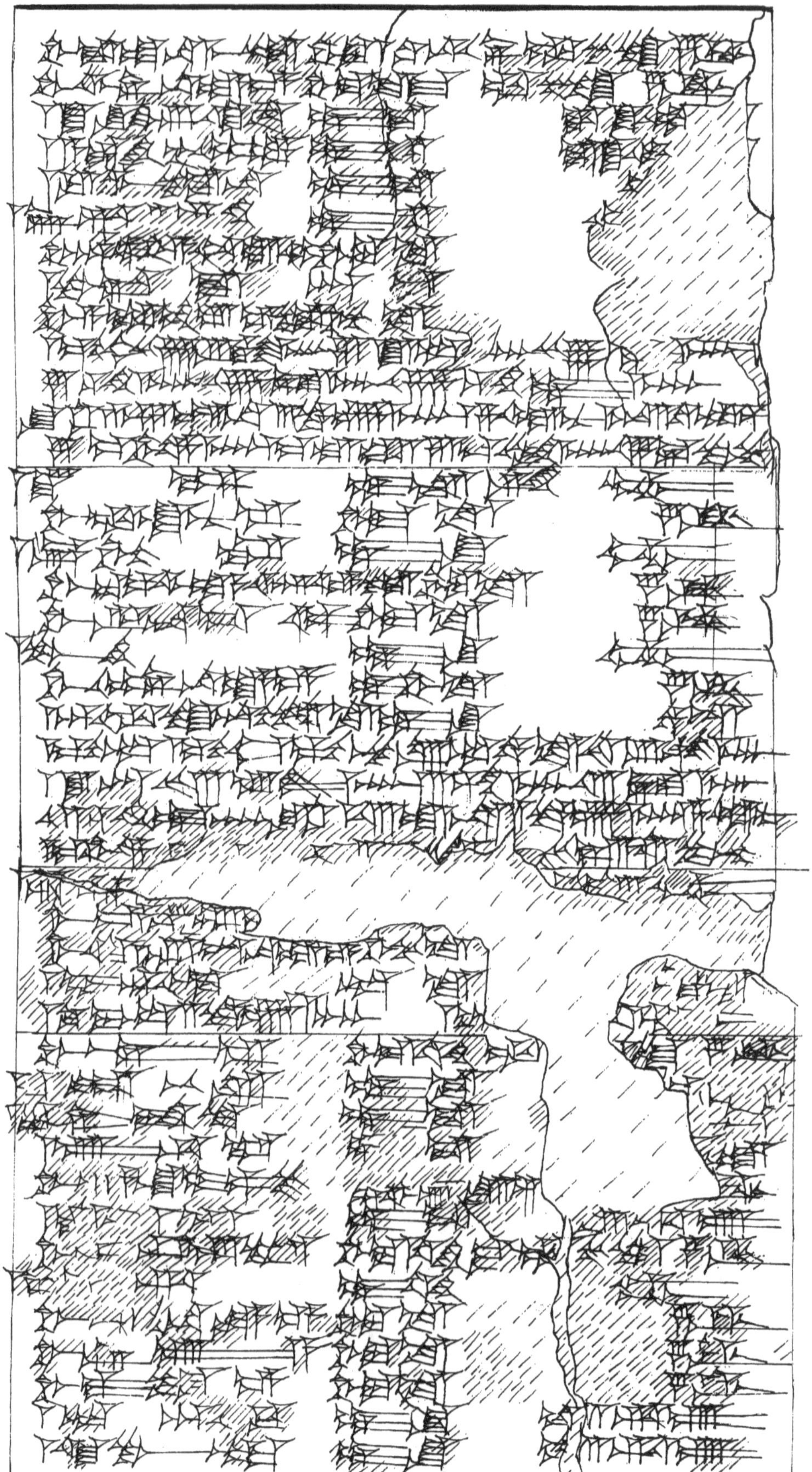

**6** *(Forts.)*

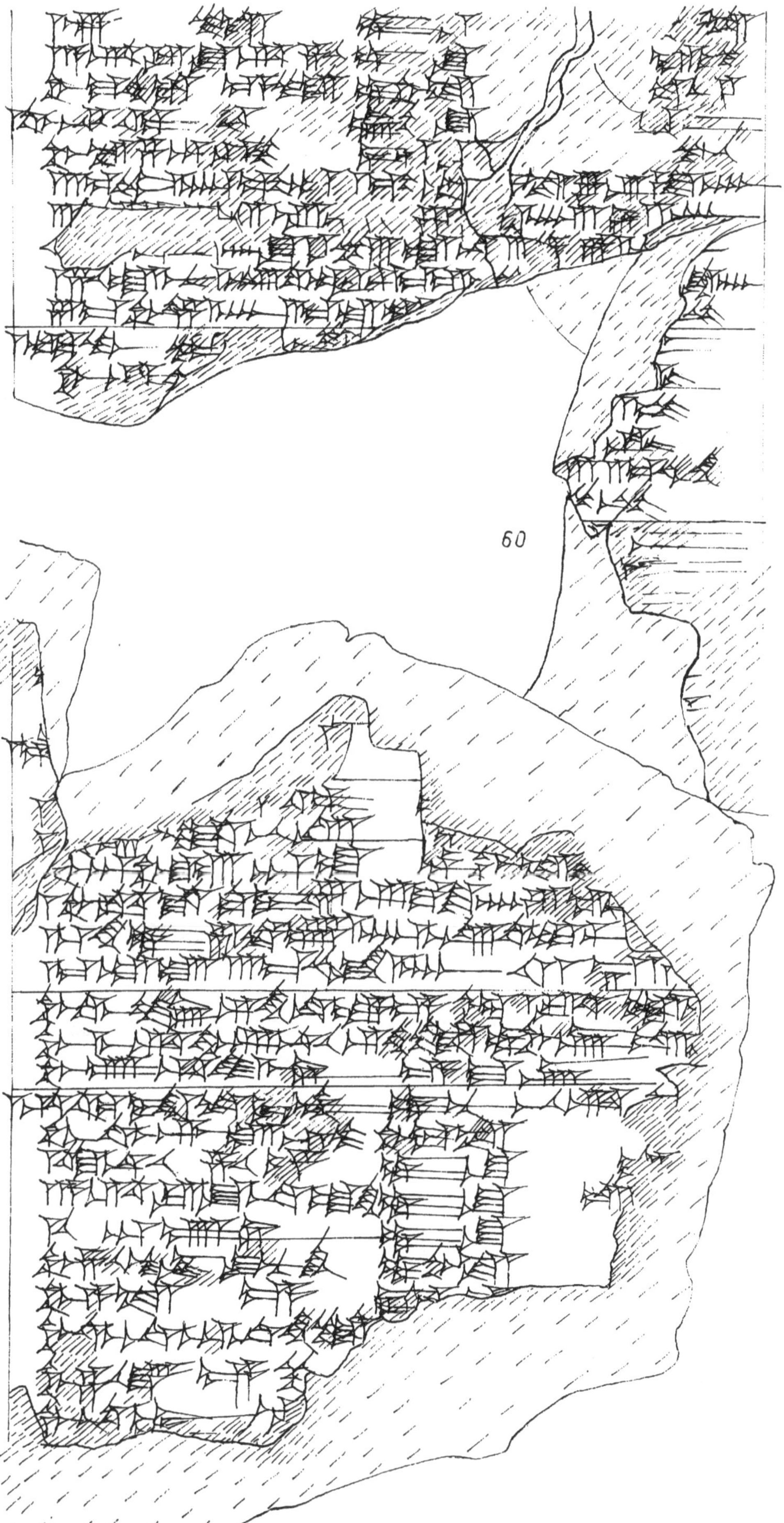

**6** *(Forts.)*

Vs. III

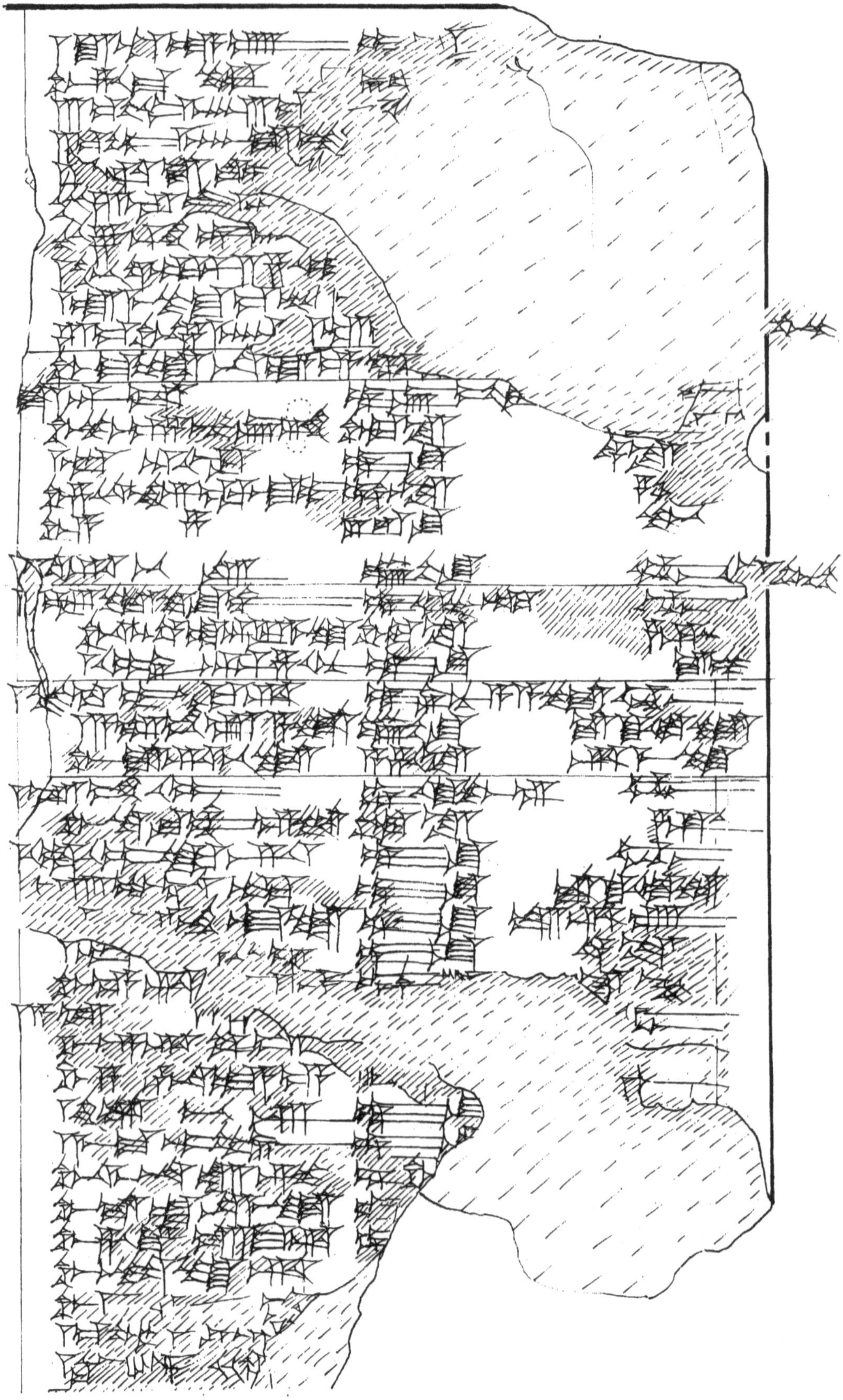

## **6** *(Forts.)*

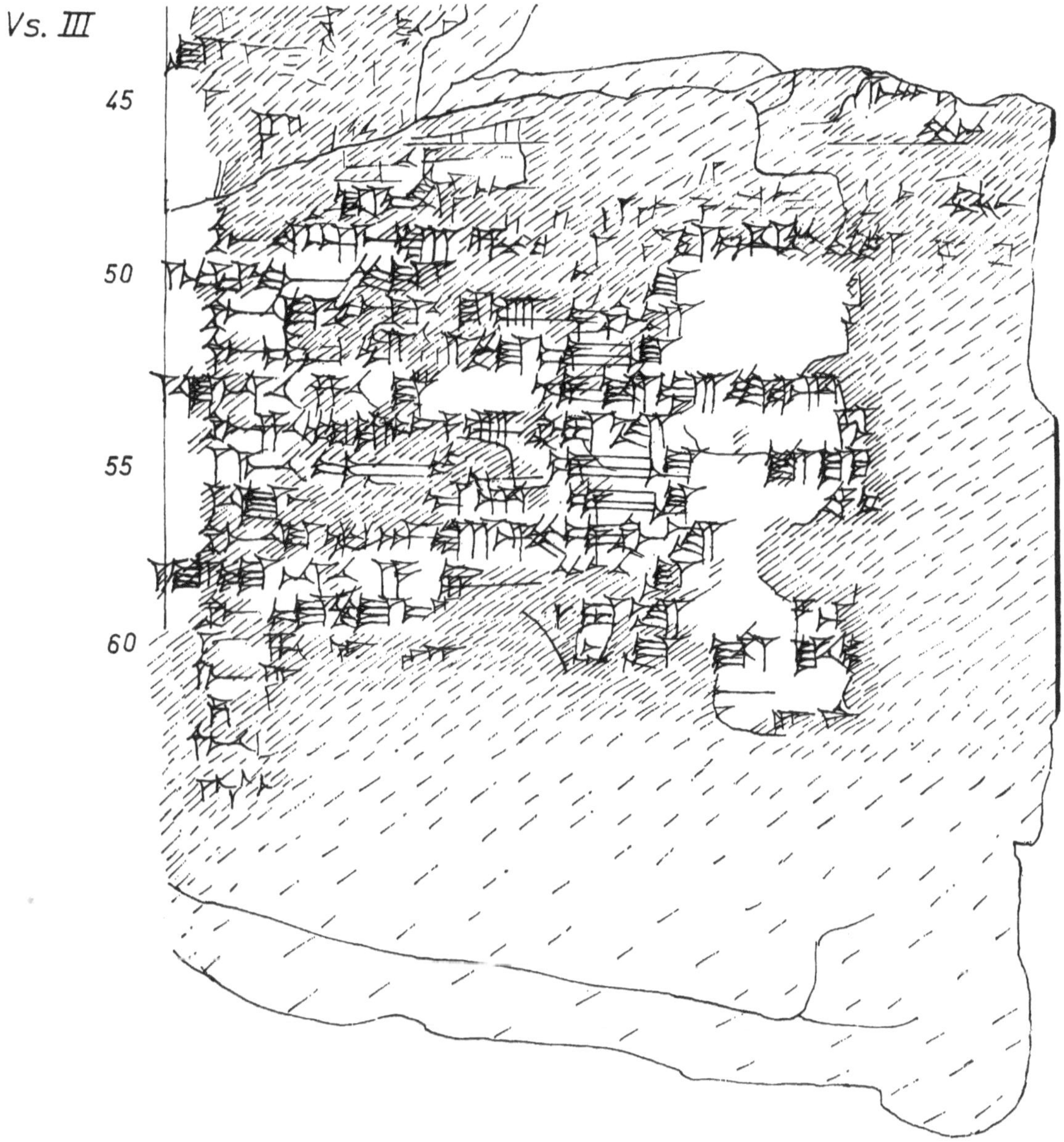


## **7**

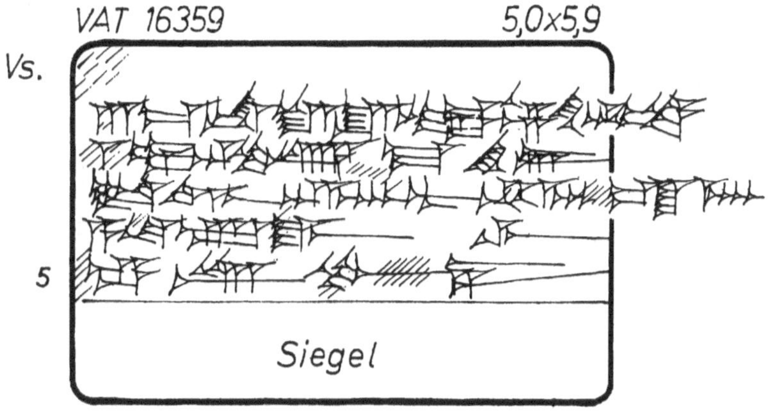

## 6 (Forts.)

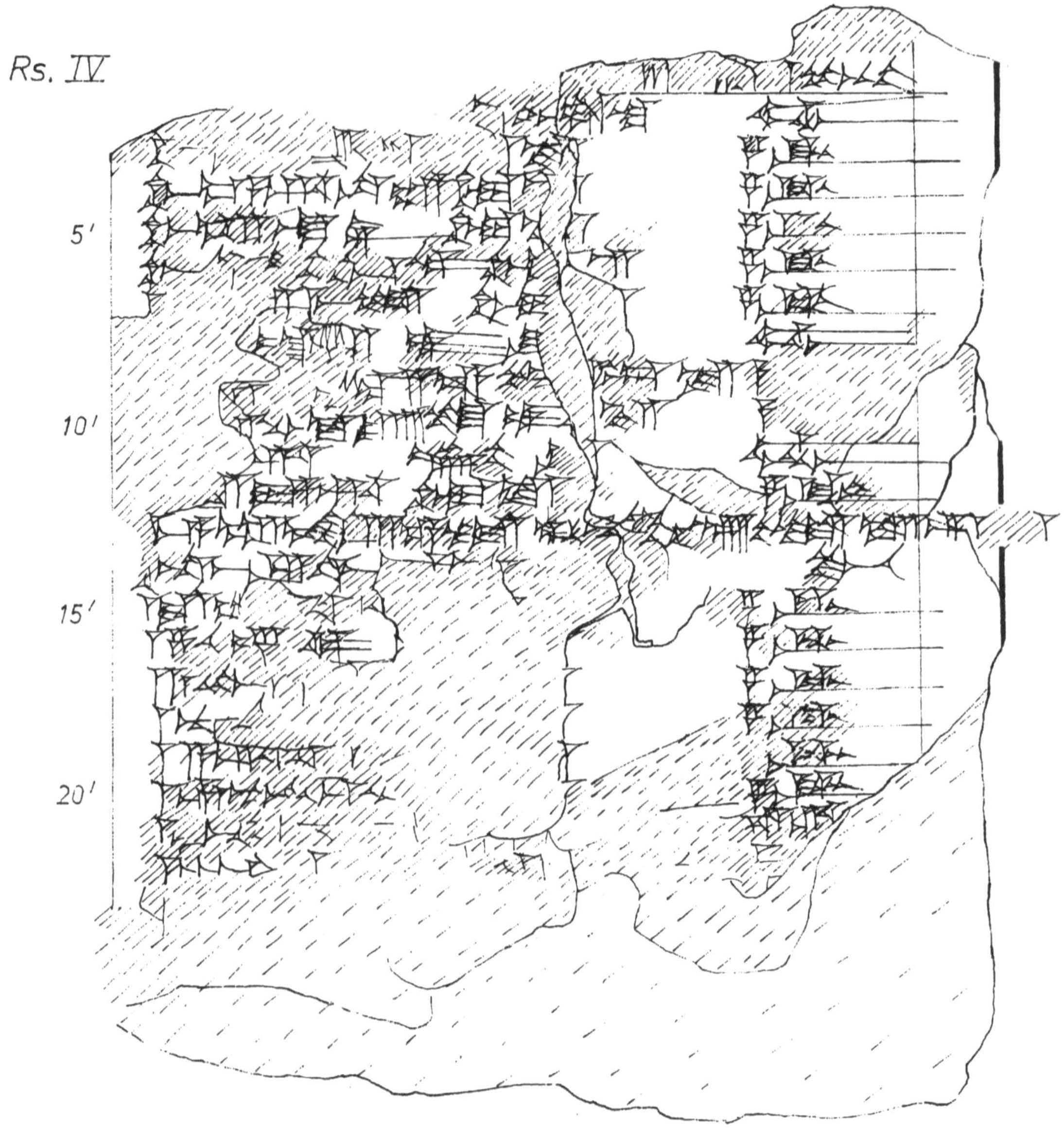


## 7 (Forts.)

Siegel auf allen Rändern

## 6 (Forts.)

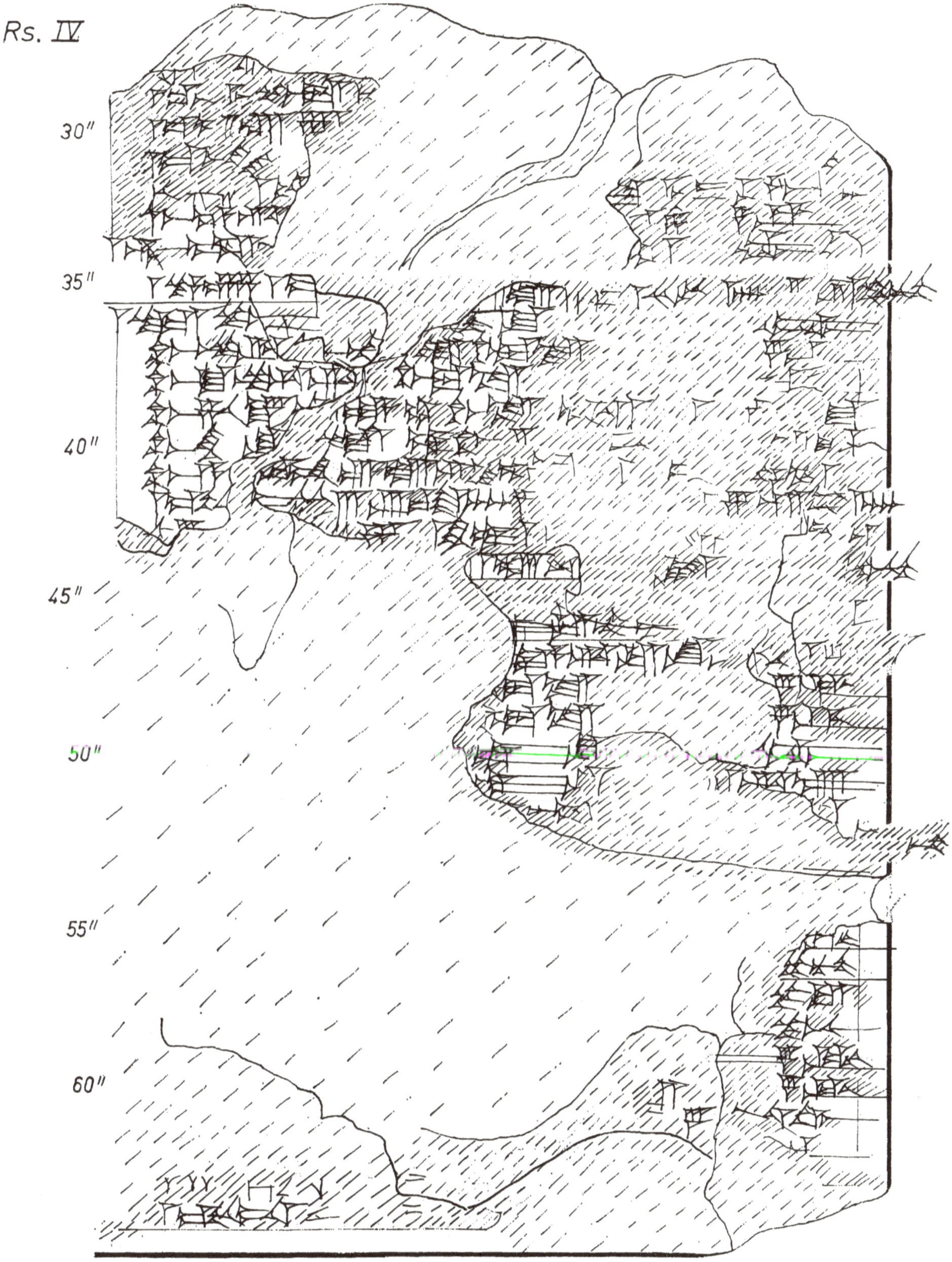

## 6 (Forts.)

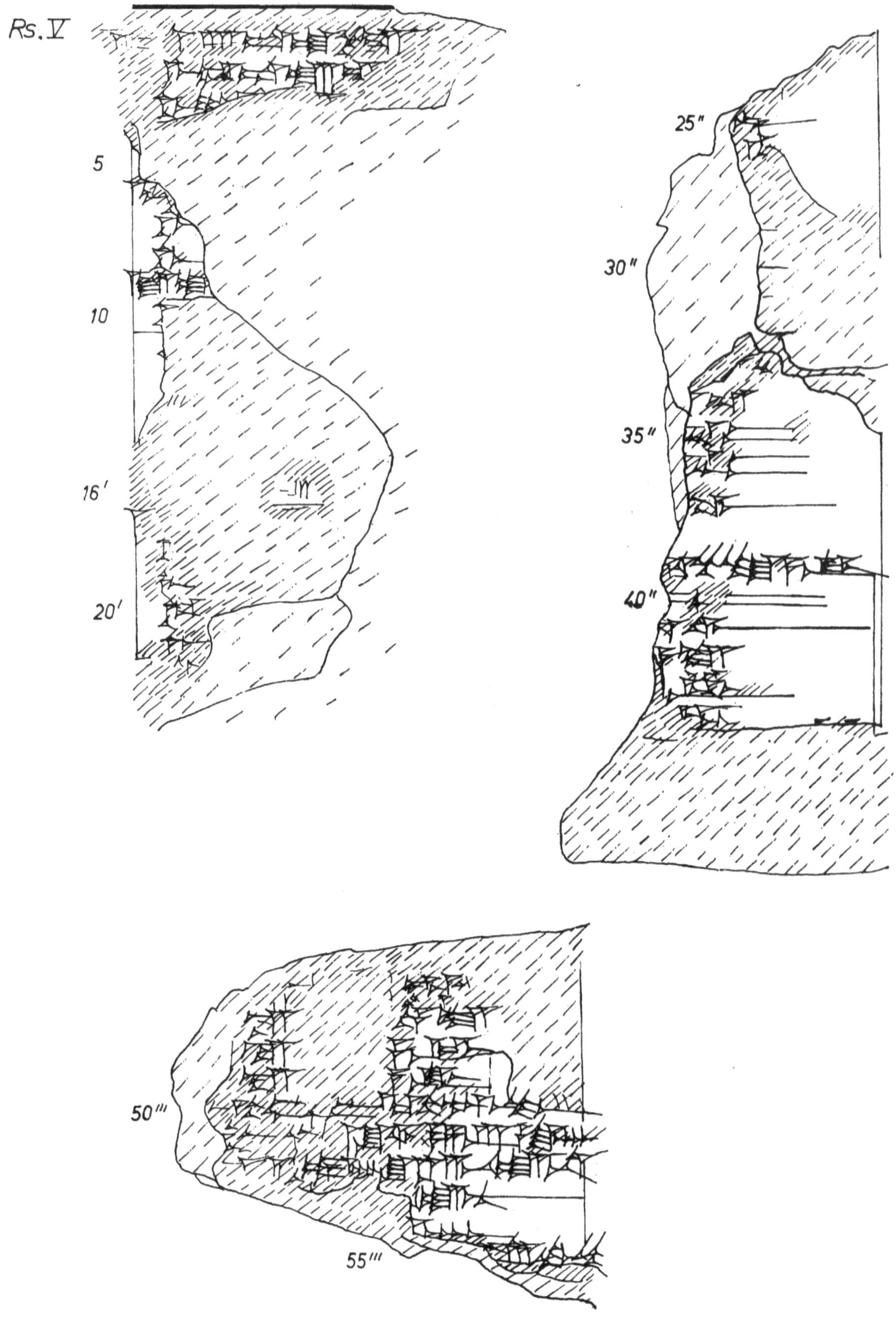

**6** *(Forts.)*

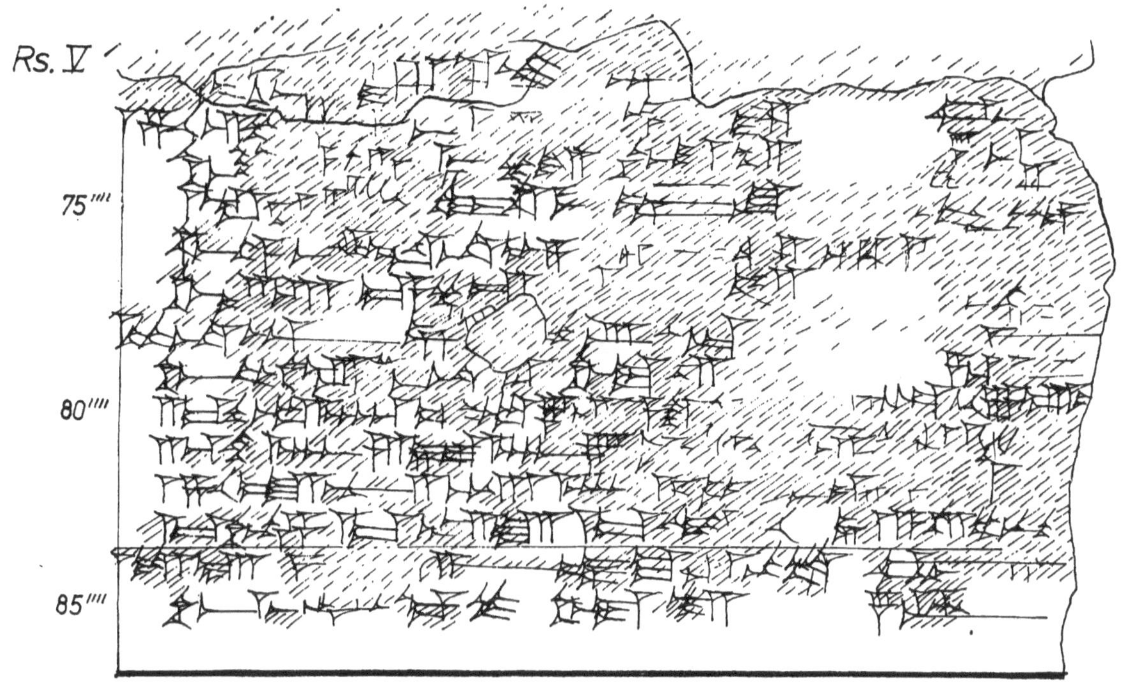


**8**

VAT 18054 6,9 x 5,0

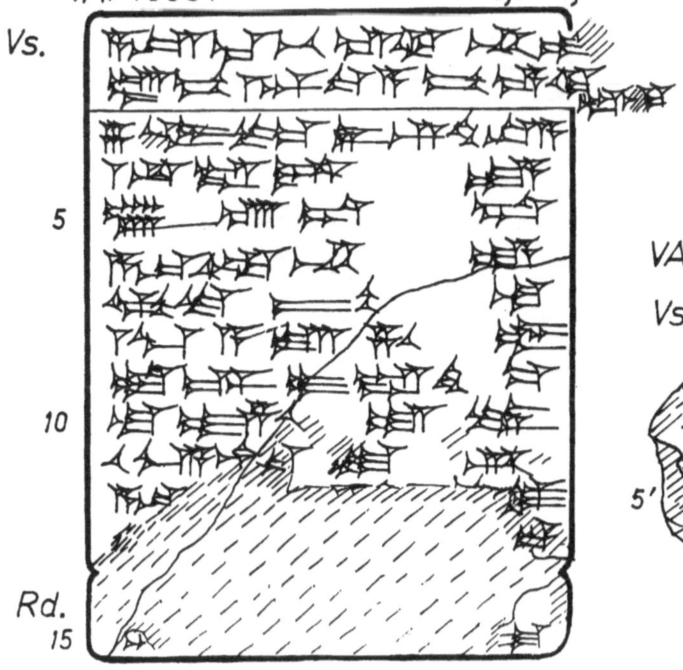


Rs. unbeschrieben

**9**

VAT 18039 4,5 x 4,7

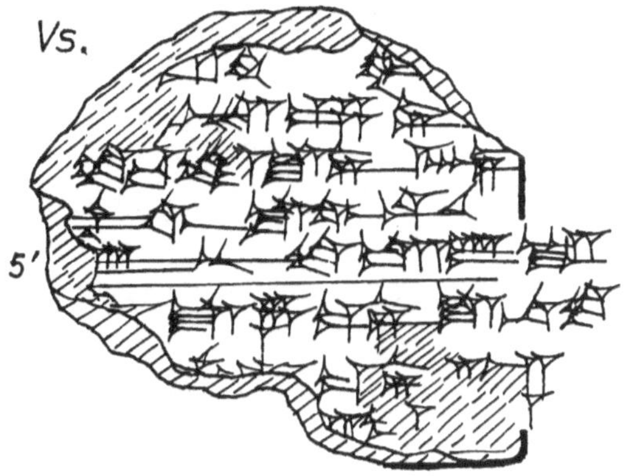

**6** *(Forts.)*

Rs. VI

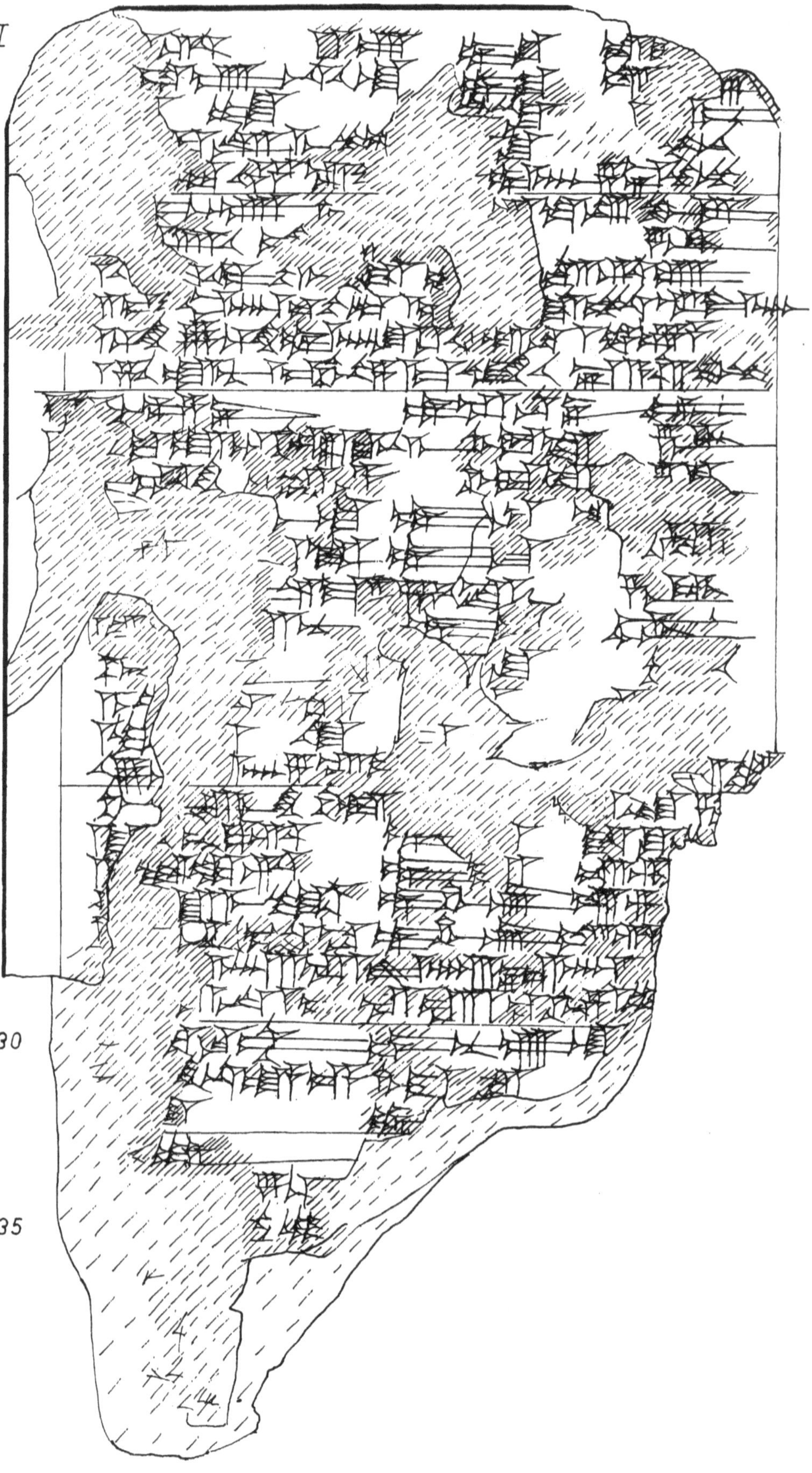

**6** *(Forts.)*

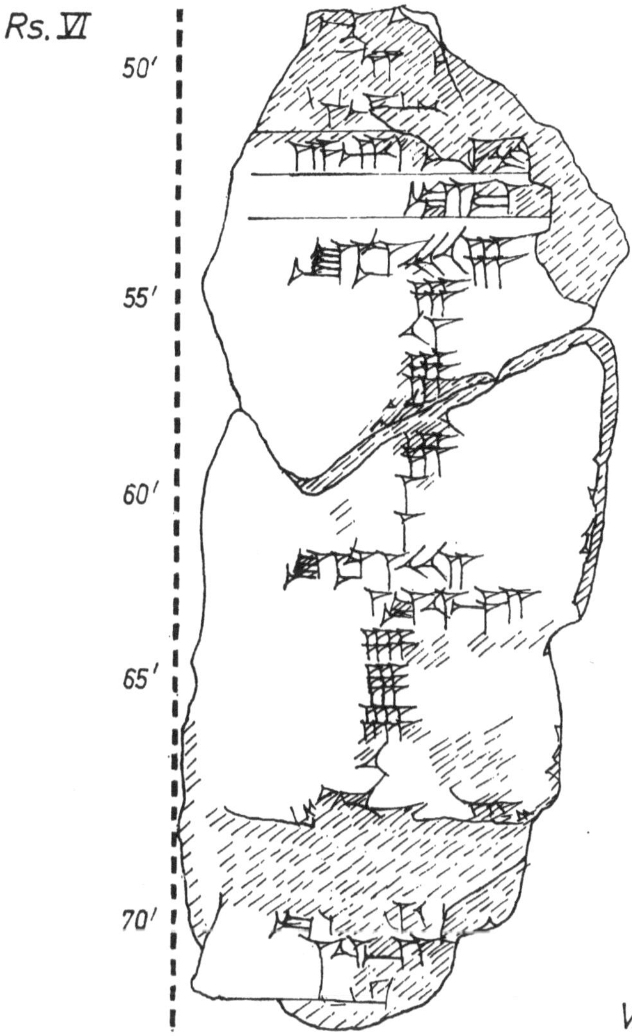


**9** *(Forts.)*

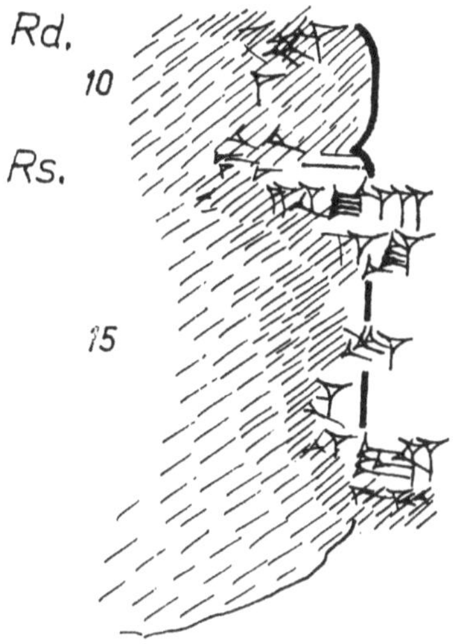


**11**

VAT 16366 4,0x5,2

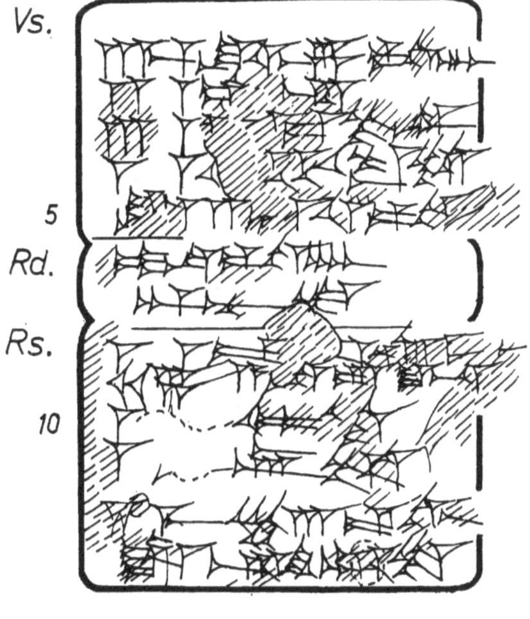


**10**

VAT 18050 3,9x4,7

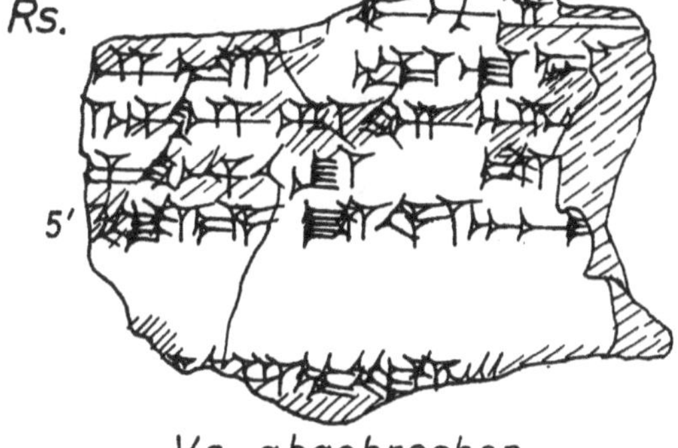


Vs. abgebrochen

**6** *(Forts.)*

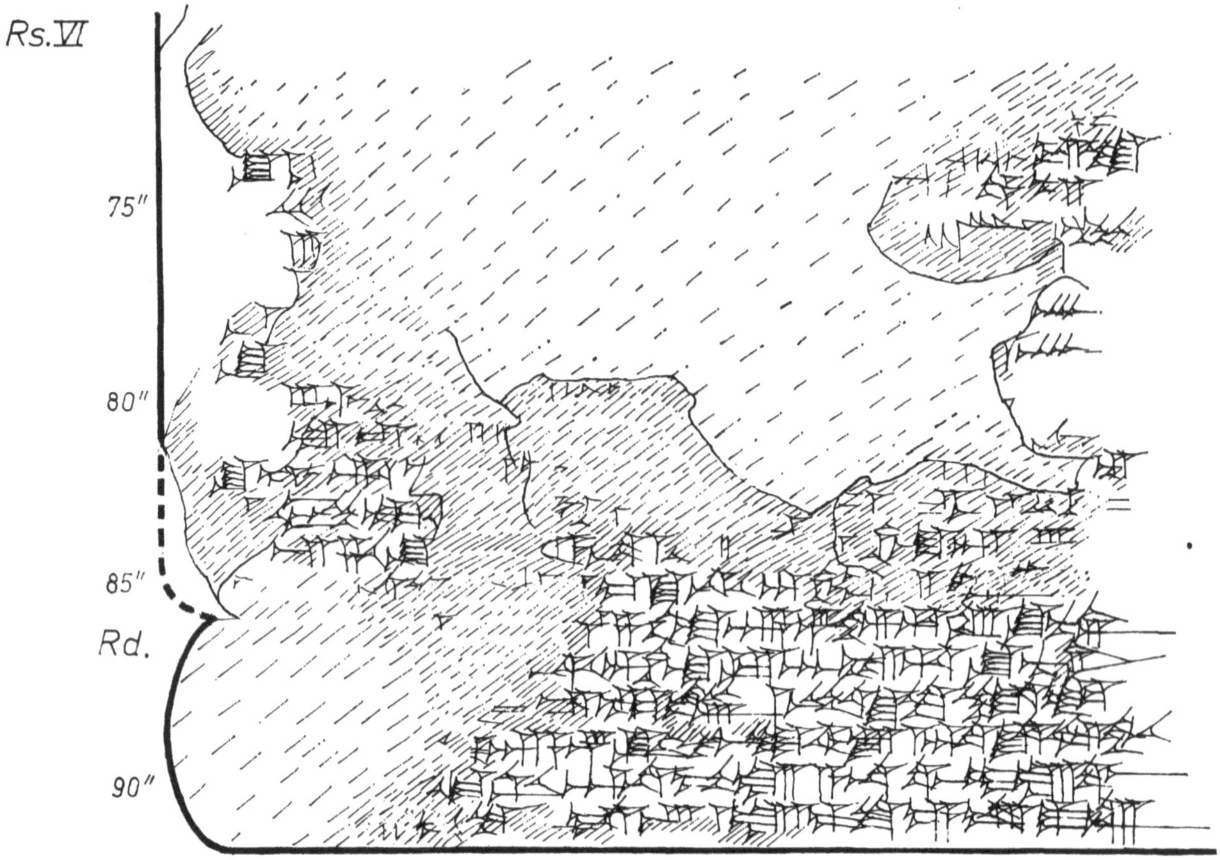


**12**

VAT 8715 5,7×4,5

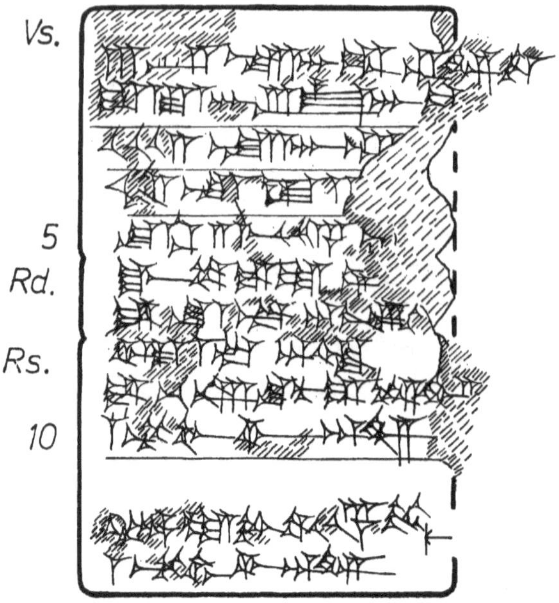


**13**

VAT 16400 6,3×6,4

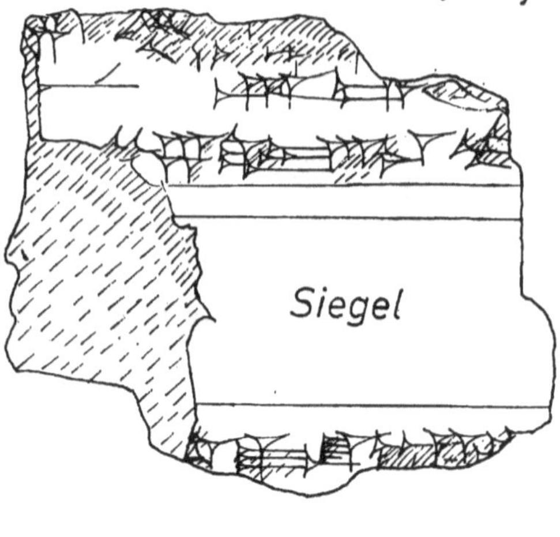

**6** *(Forts.)*

l. Rd

**14**

VAT 18065

6,0 x 12,3

Vs.

5′

10′

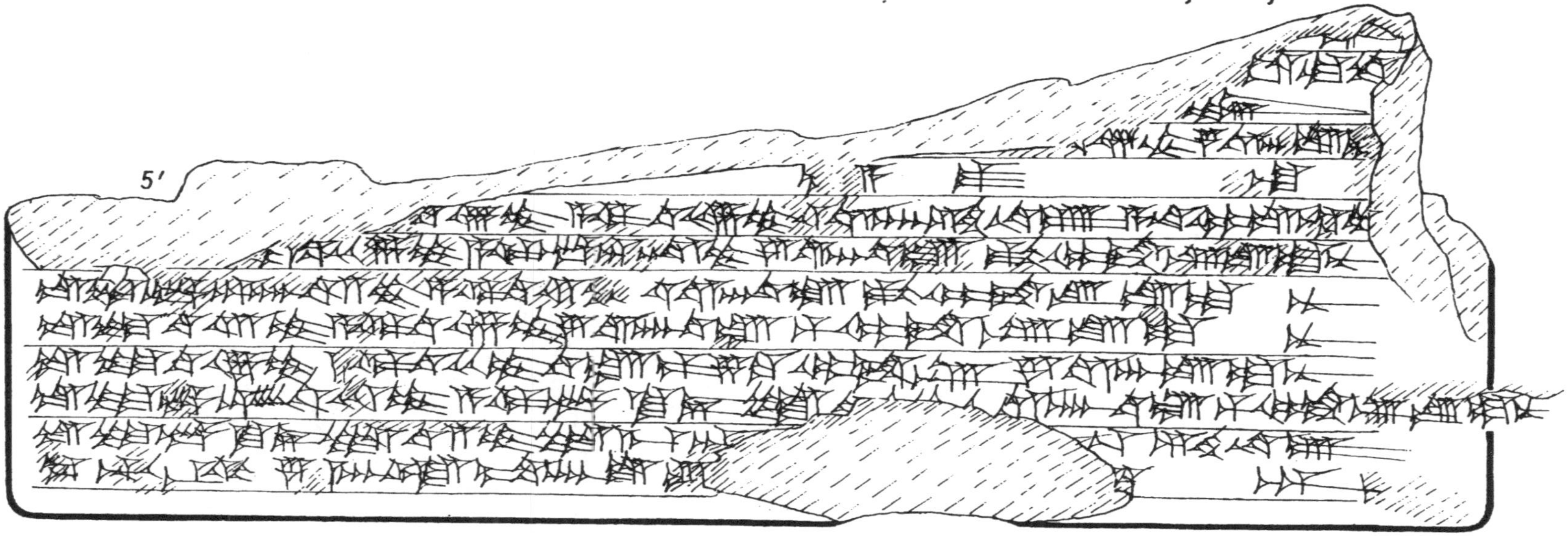

**14** (Forts.)

Rs.

5

10

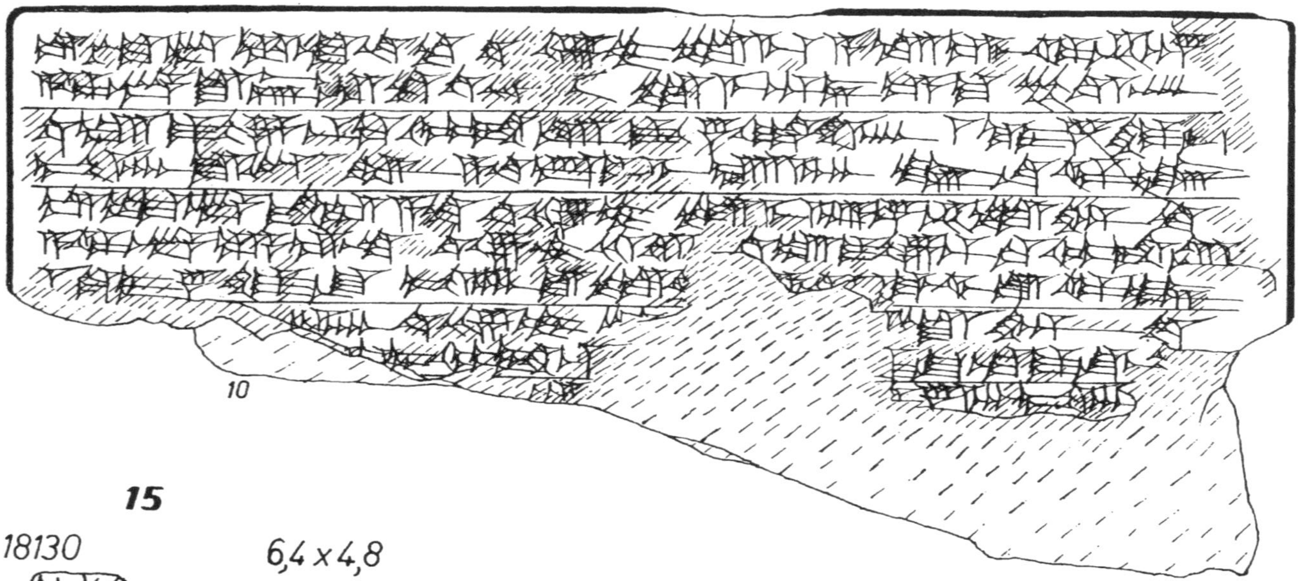

**15**

VAT 18130 6,4 x 4,8

Rs.

5'

10'

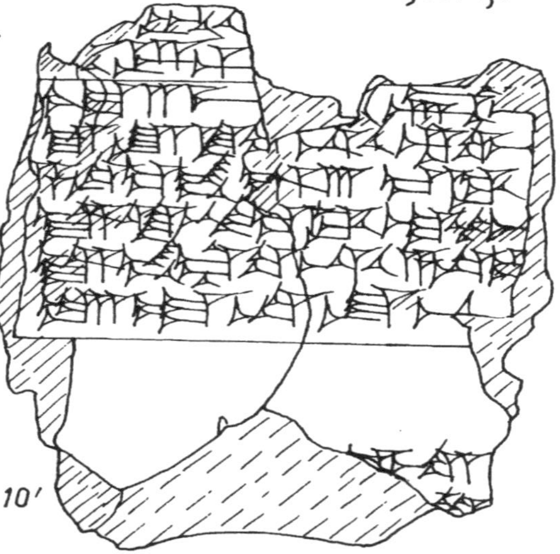

Vs. abgebrochen

**16**

VAT 18132 4,5 x 3,8

Vs.

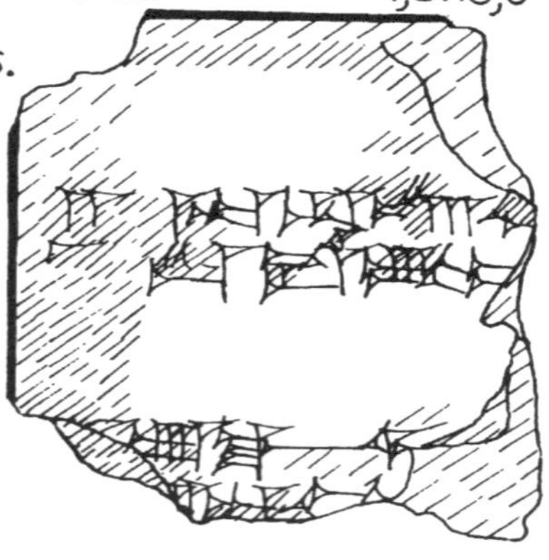

Rs.

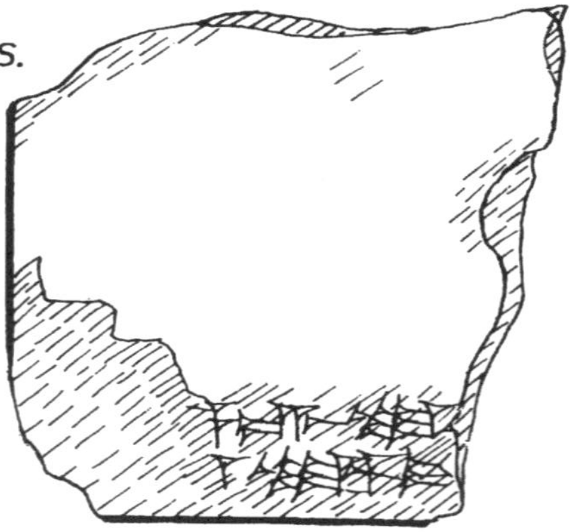

# 17

VAT 18007 19,8 x 11,8

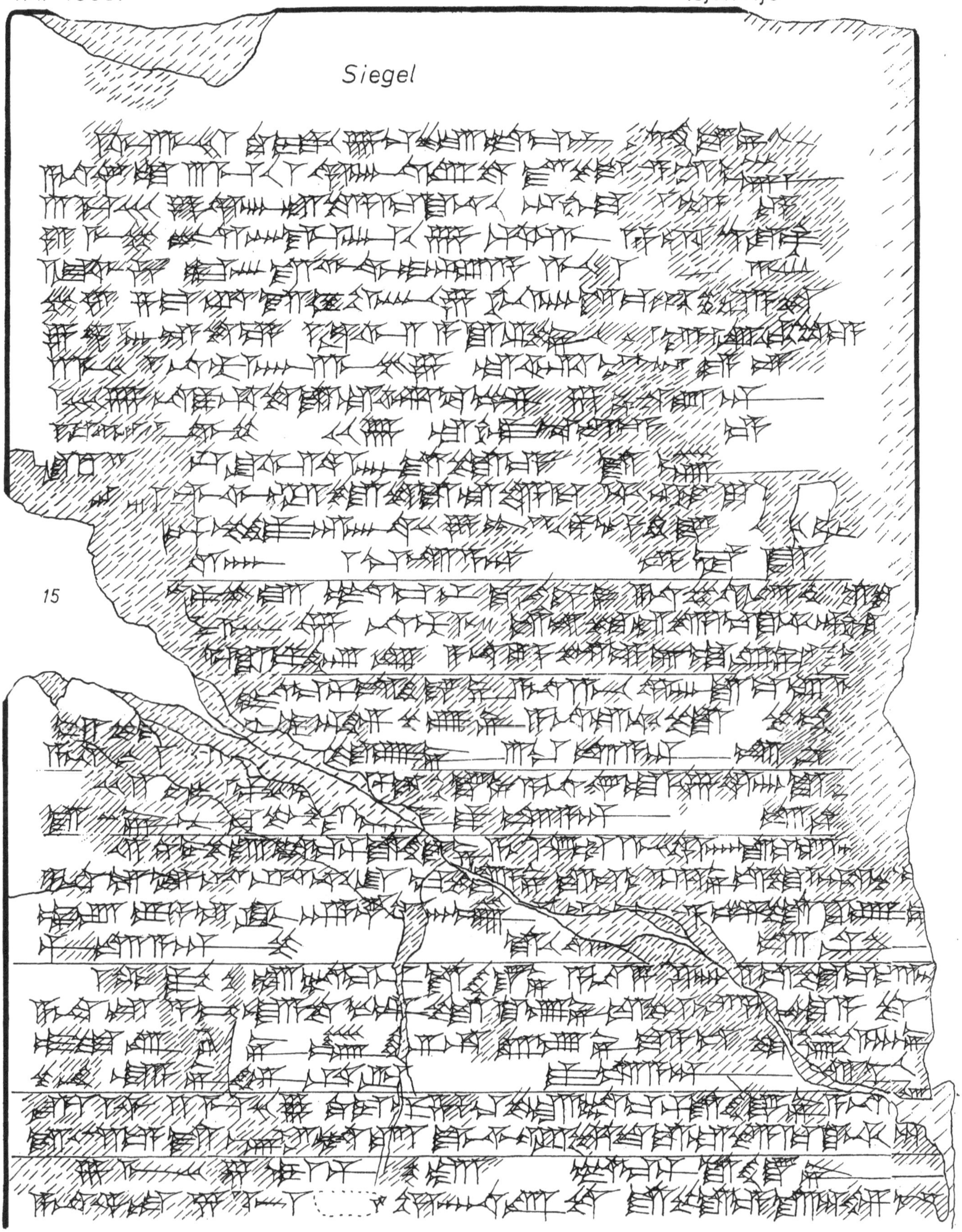

## 17 (Forts.)

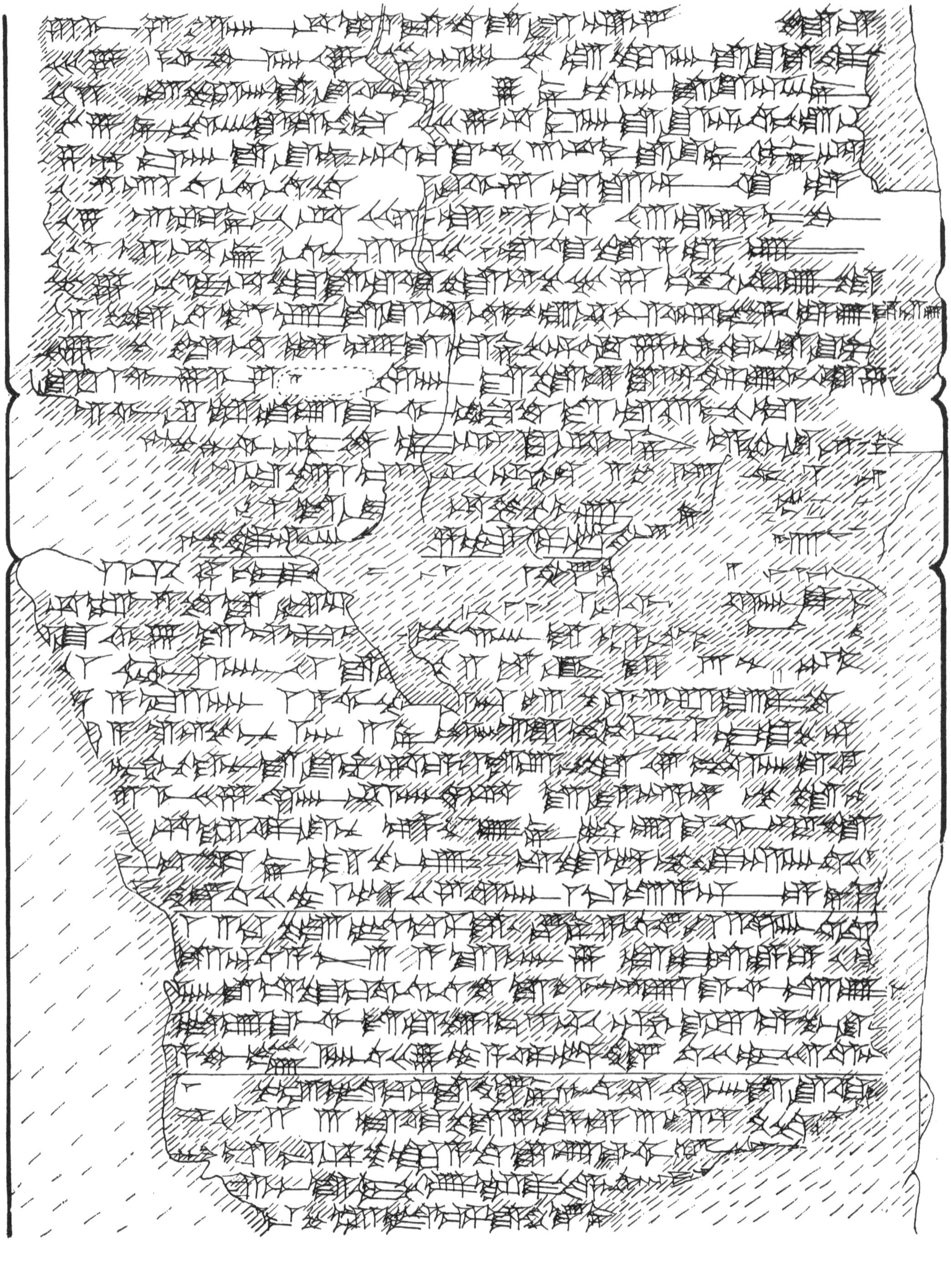

**17** (Forts.)

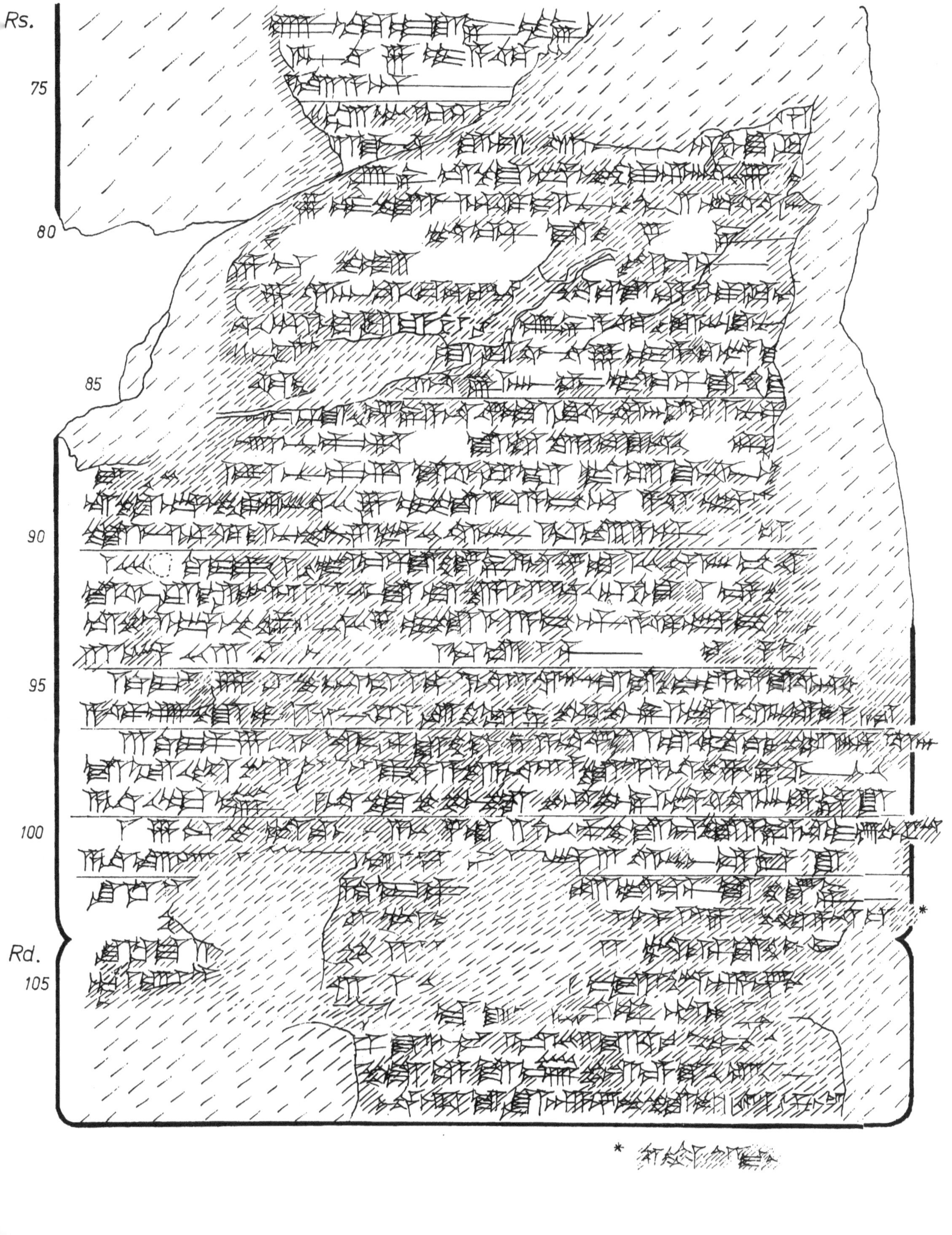

## 17 (Forts.)

Hülle, Fragm. 1

Hülle, Fragm. 1

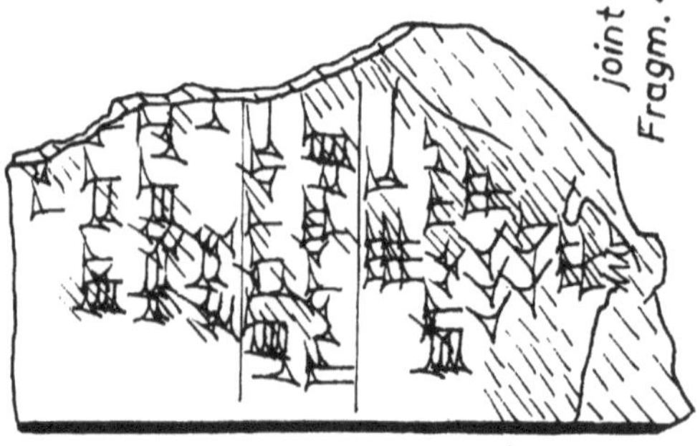

**17** *(Hülle, Forts.)*

*Fragm: 2*

*Vs.*

*Fragm. 3*

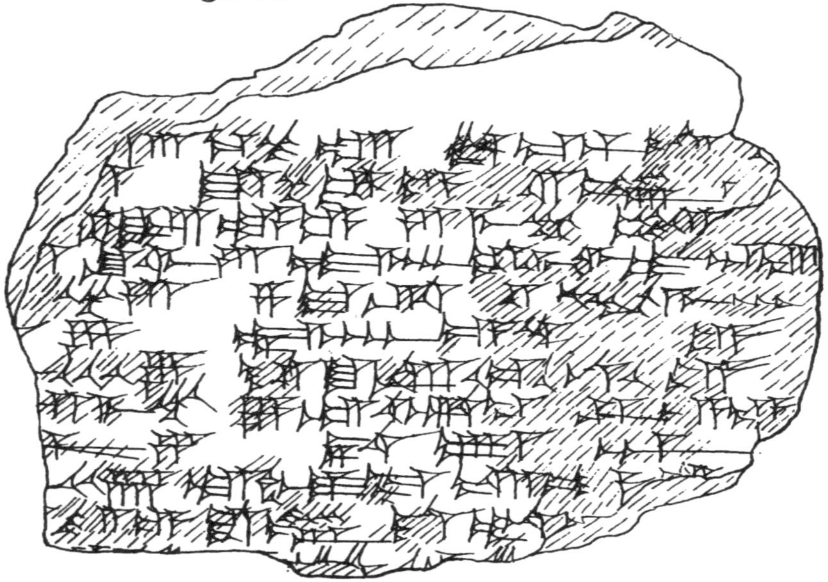

*Fragm. 2*

*l. Rd.*

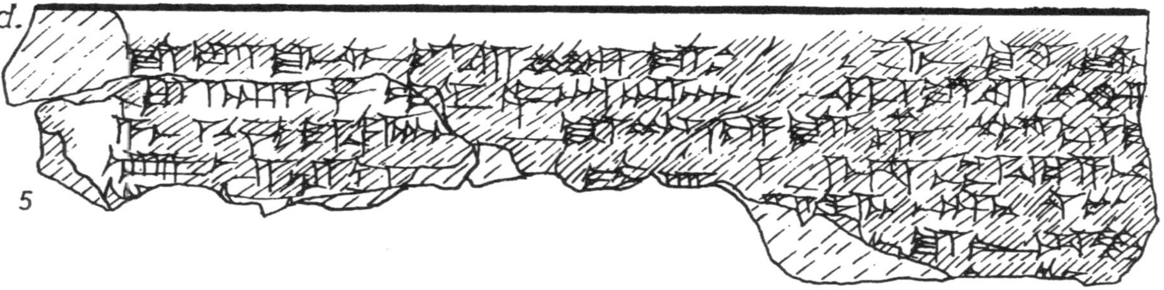

**17** *(Hülle, Forts.)*

*Fragm. 4*

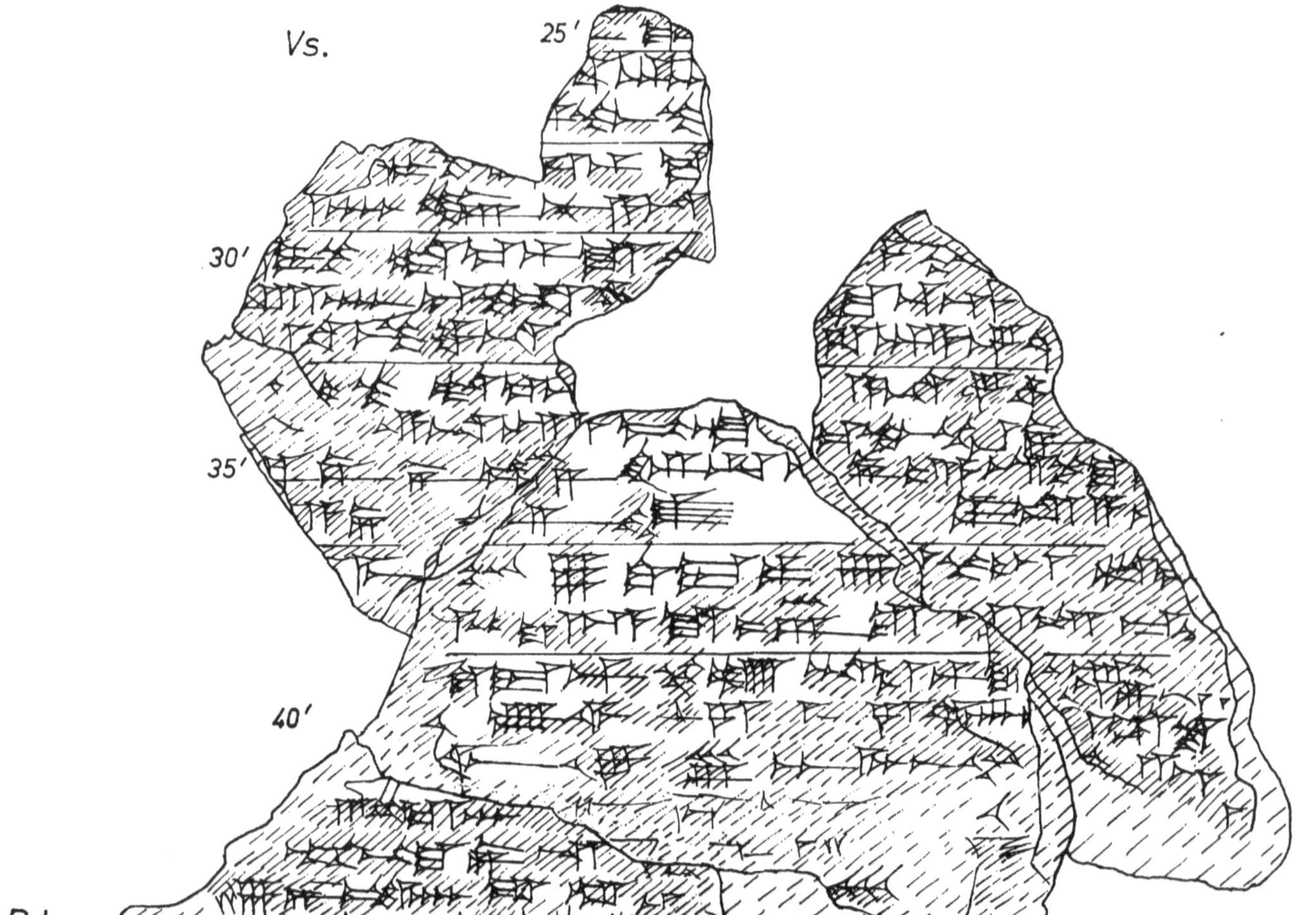

**17** *(Hülle, Forts.)*

*Fragm. 5*

*Rs.*

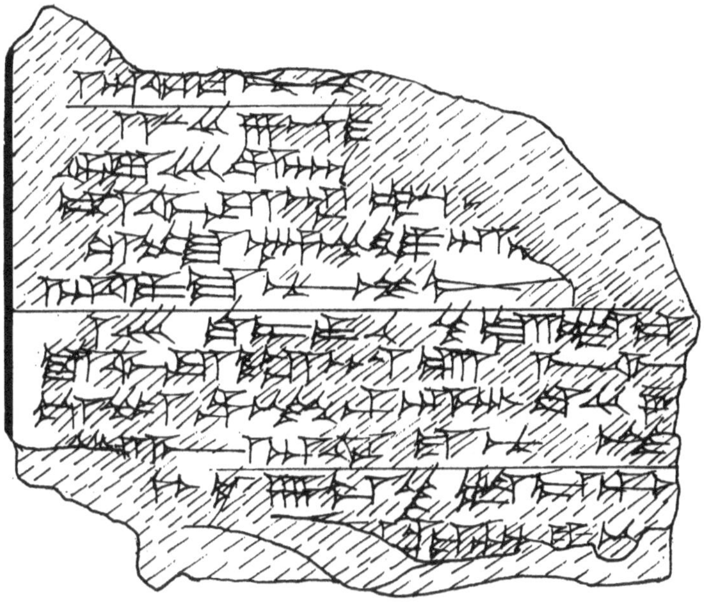

*Fragm. 5*

*l. Rd.*

*Fragm. 6*

*Rs.*

# **17** (Hülle, Forts.)

Fragm. 7

Rs.

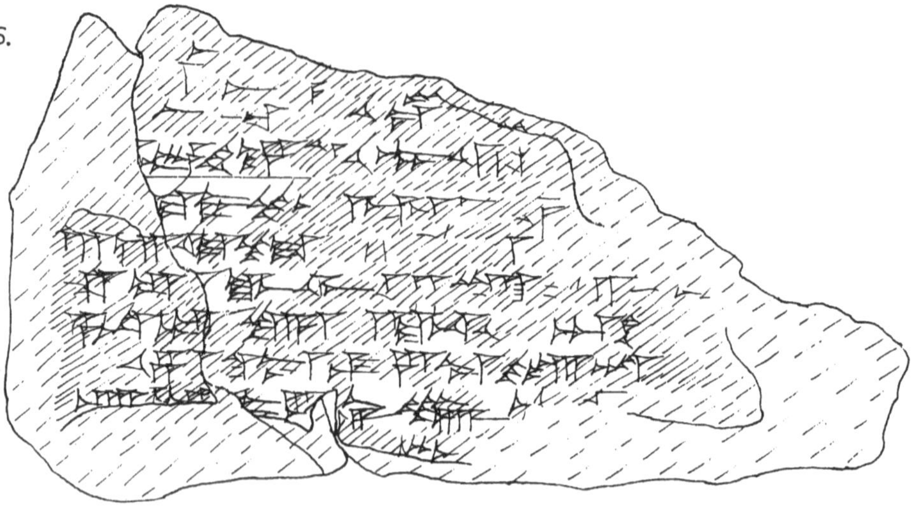

Fragm. 8

l.?Rd.

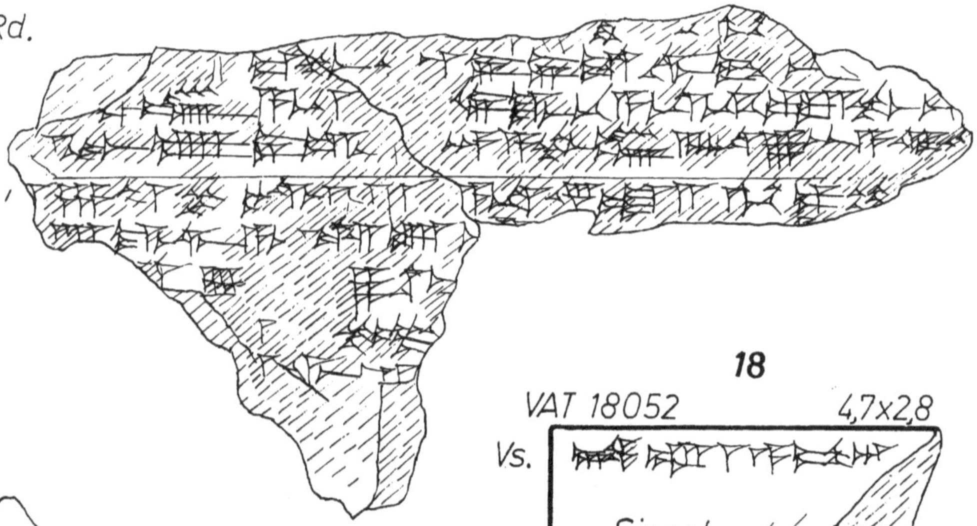

Rs.

Siegel auf den Rändern

## **18**

VAT 18052 4,7x2,8

Vs.

# 19

VAT 19193 7,7x9,1

Vs.

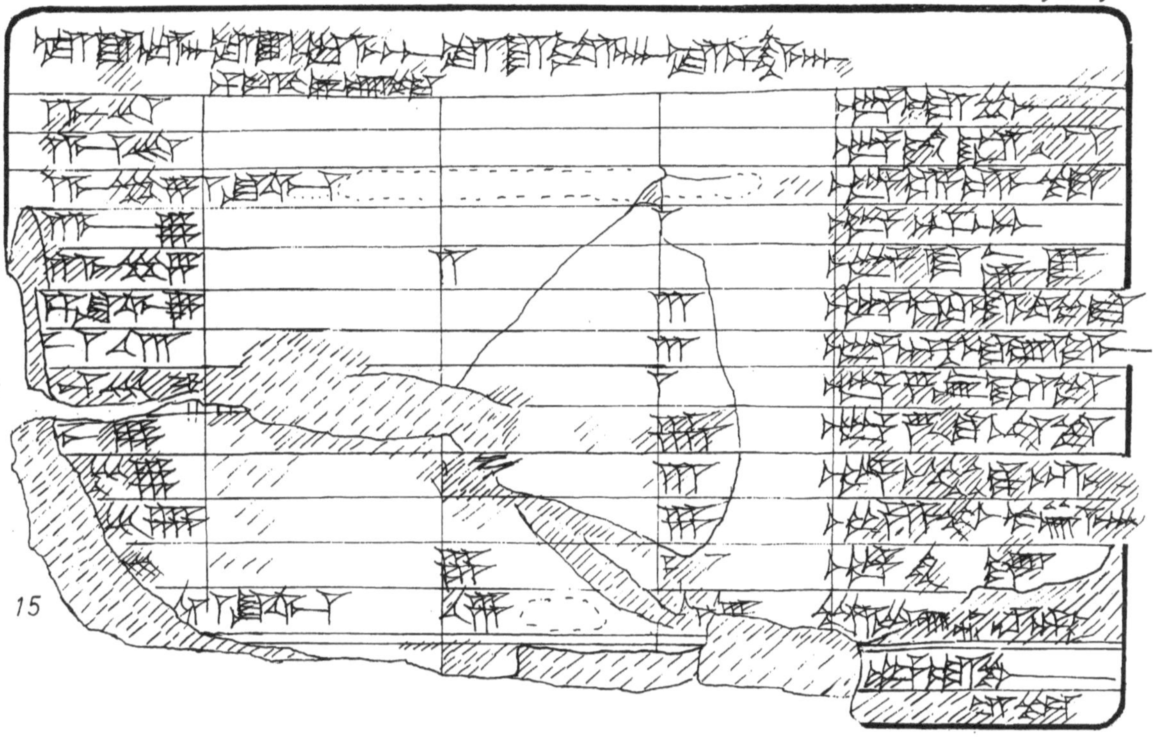

Rs.

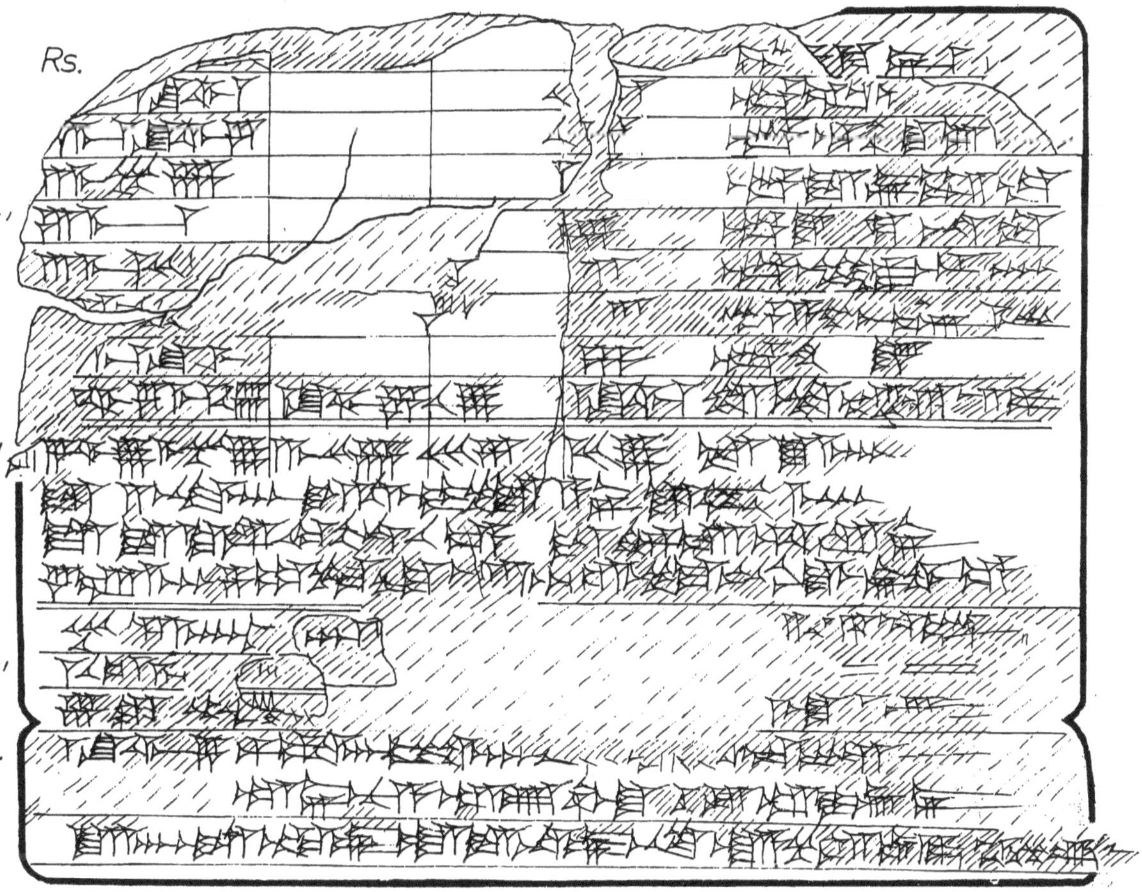

Rd.

## 20

VAT 18001 8,0×10,9

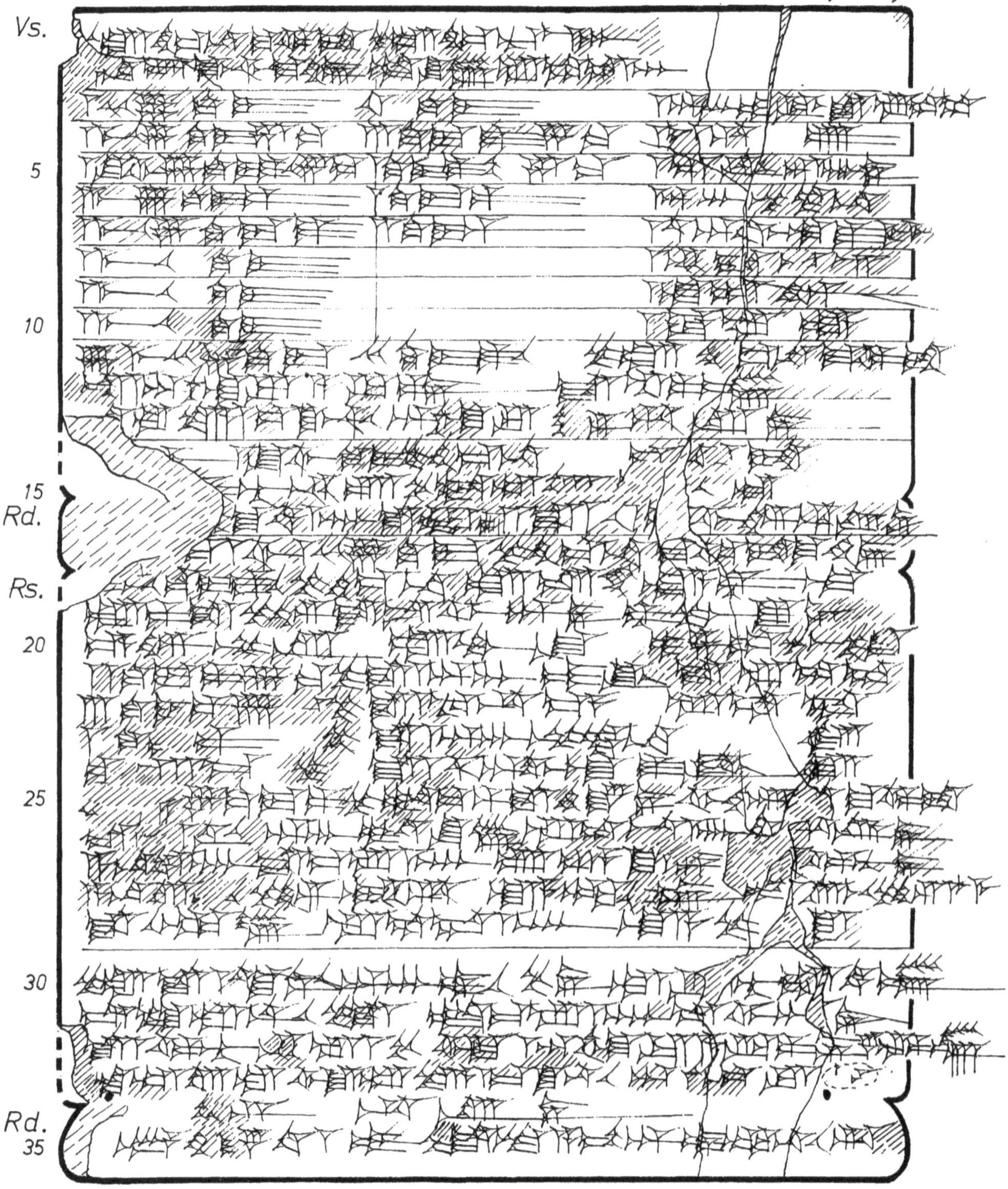

21

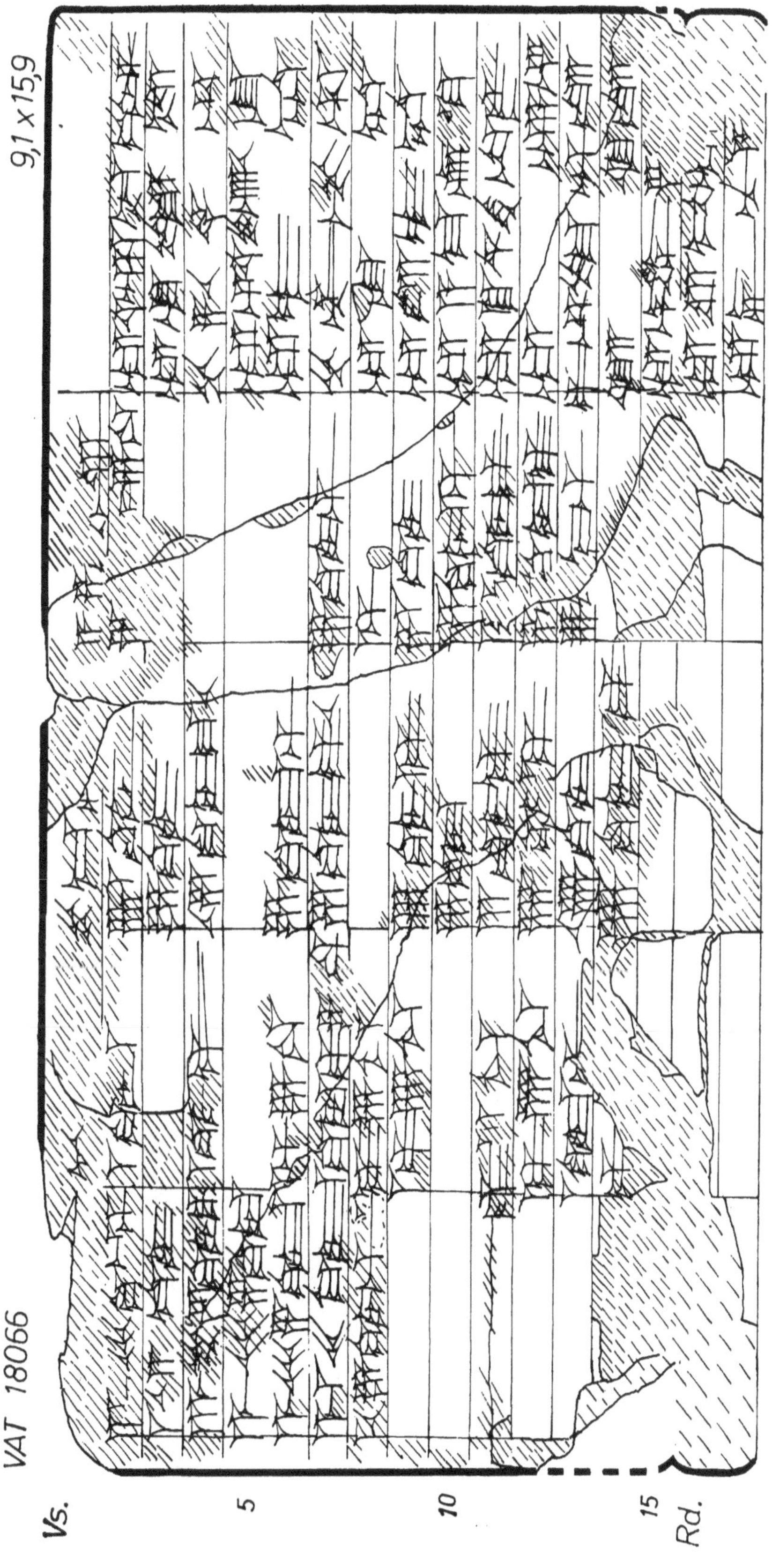

Rs. abgebrochen

**21** (Forts.)

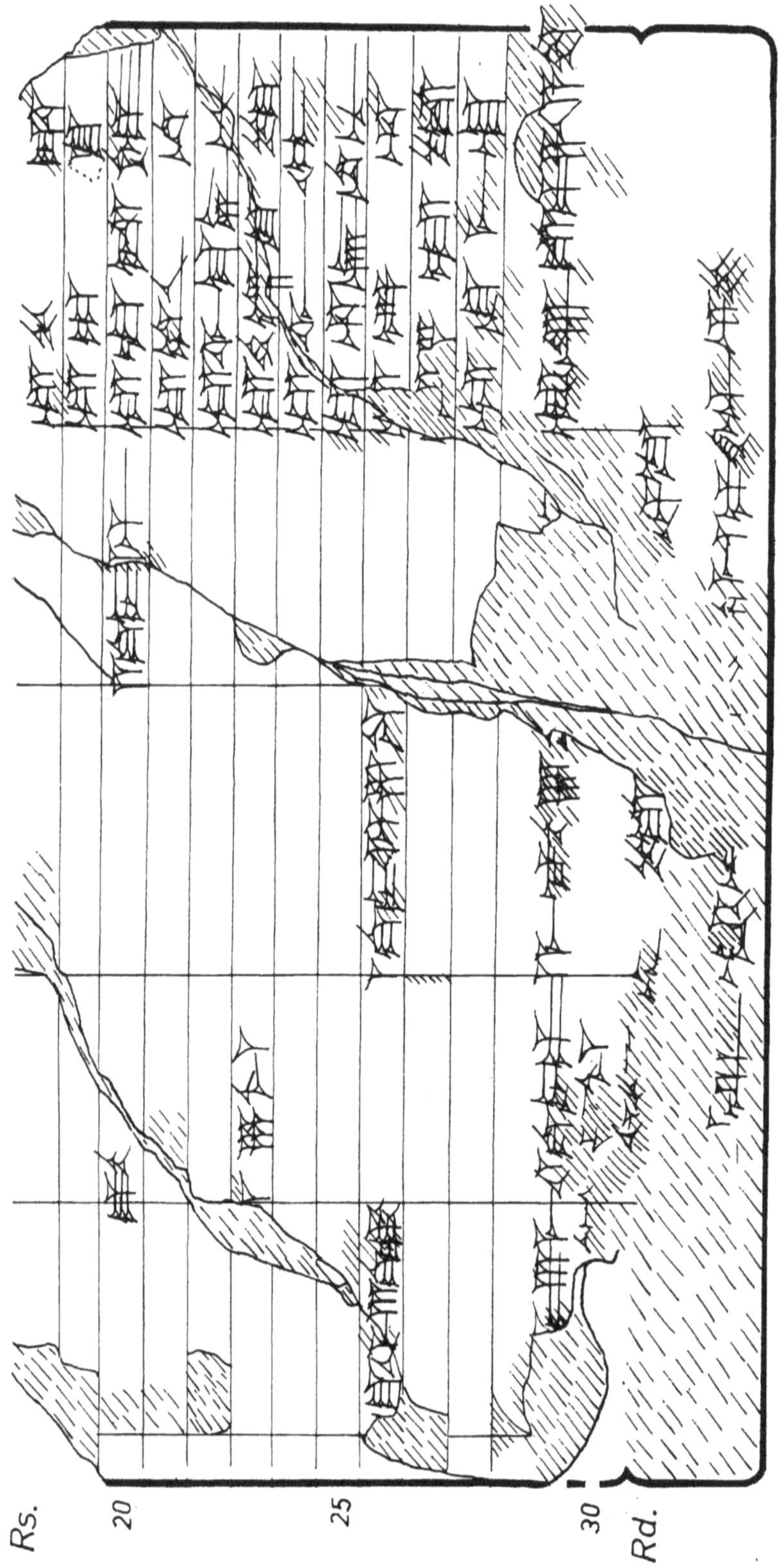

**22**

VAT 18901 6,9x8,8

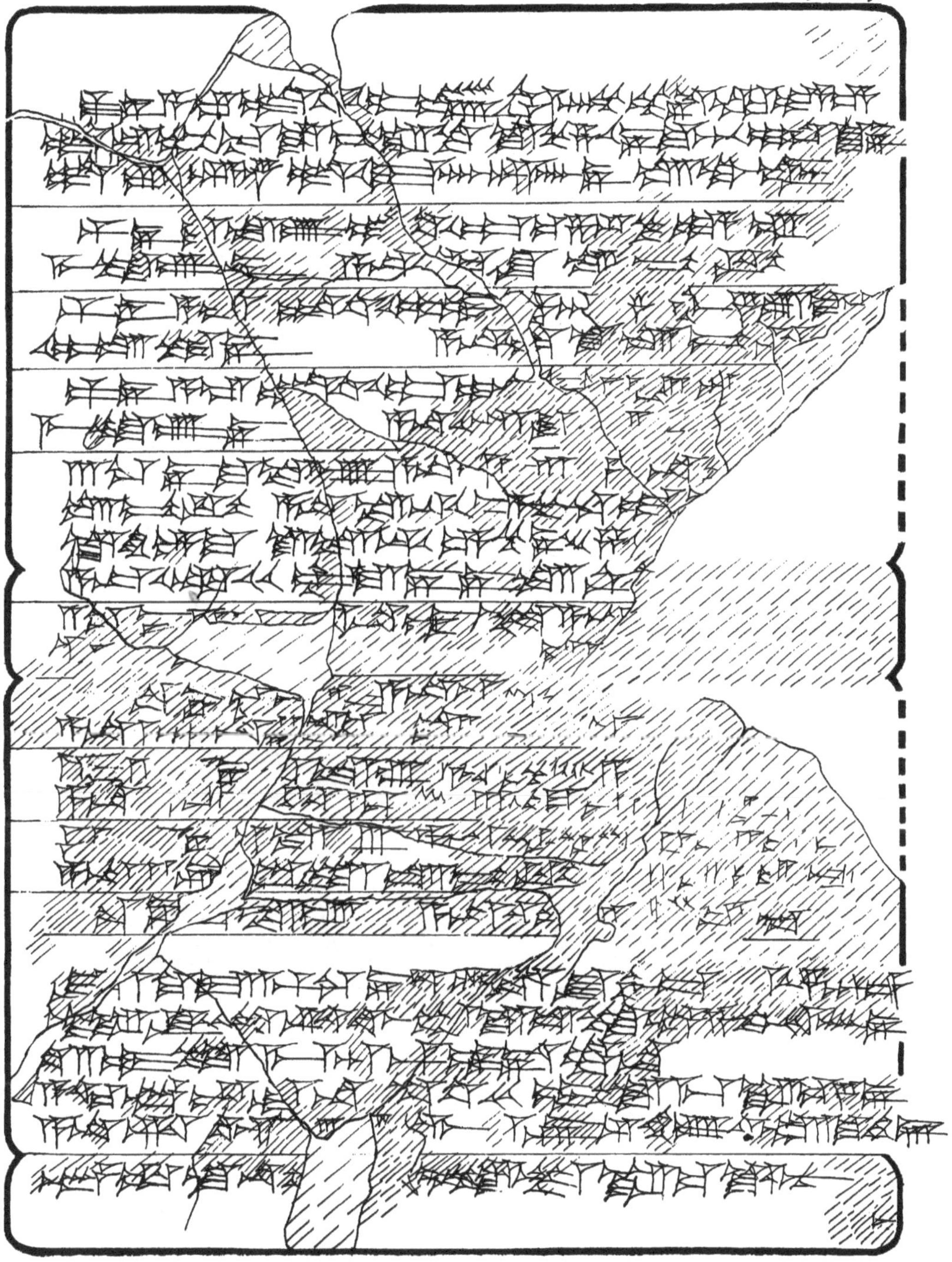

## 23

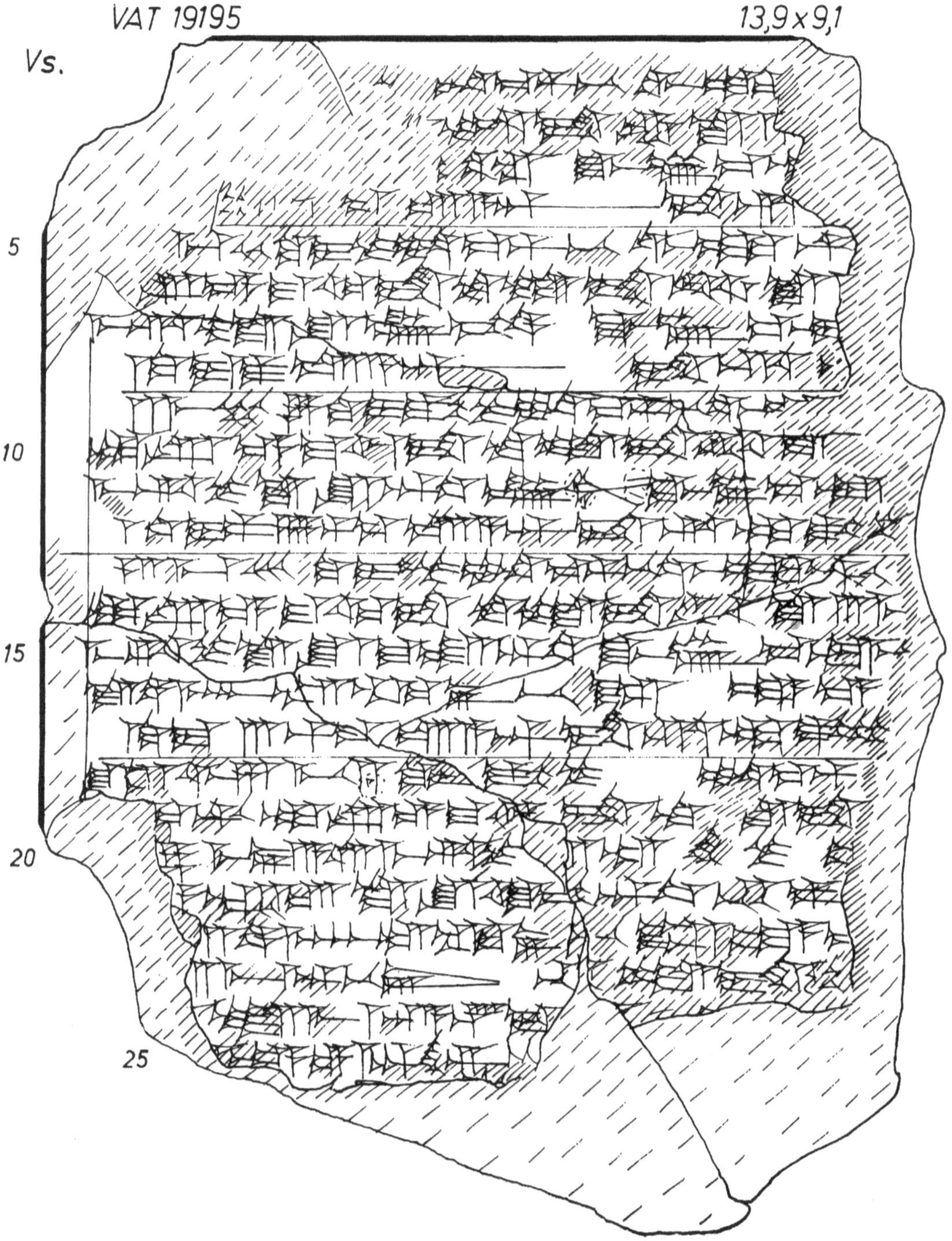

**23** *(Forts.)*

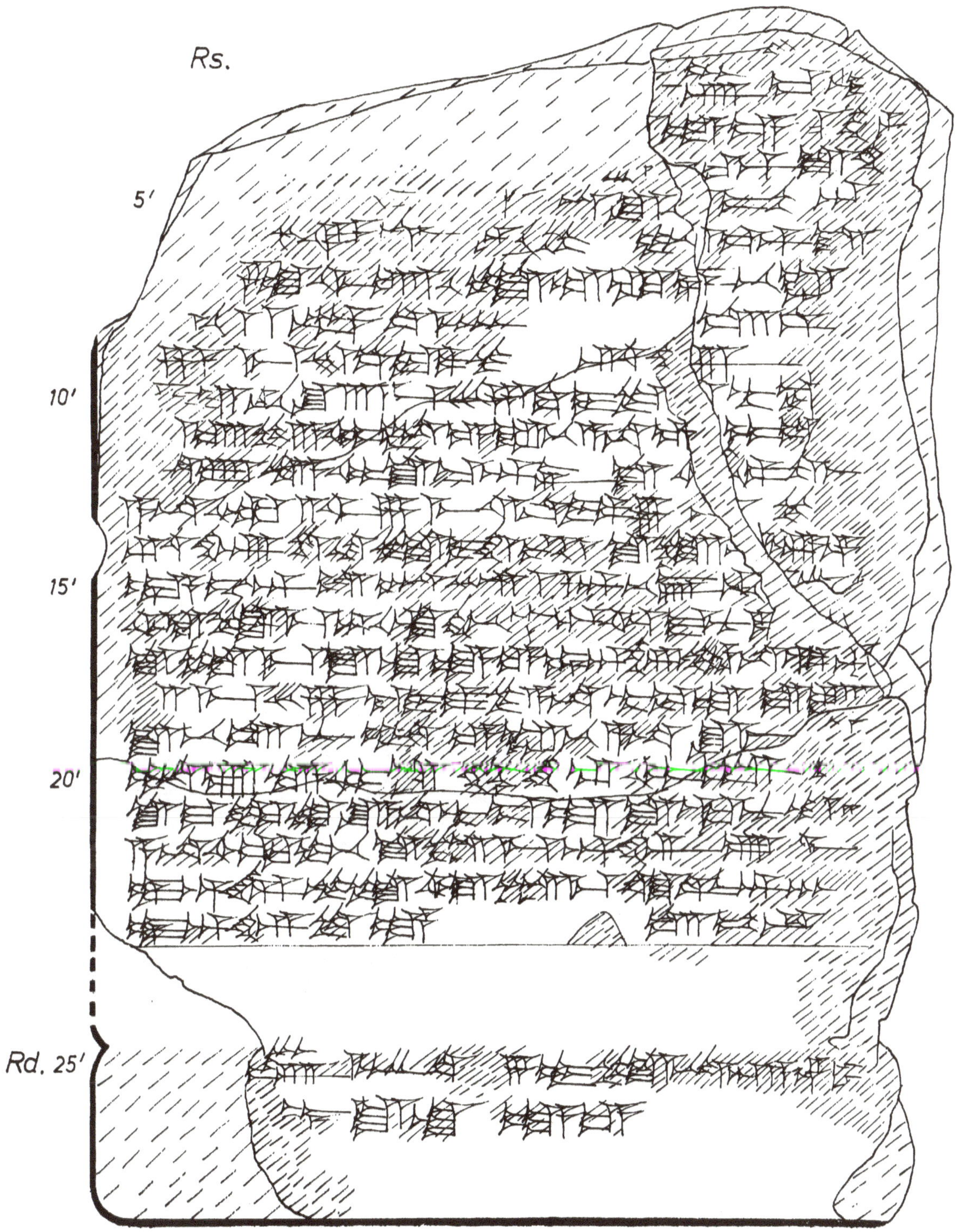

**24**

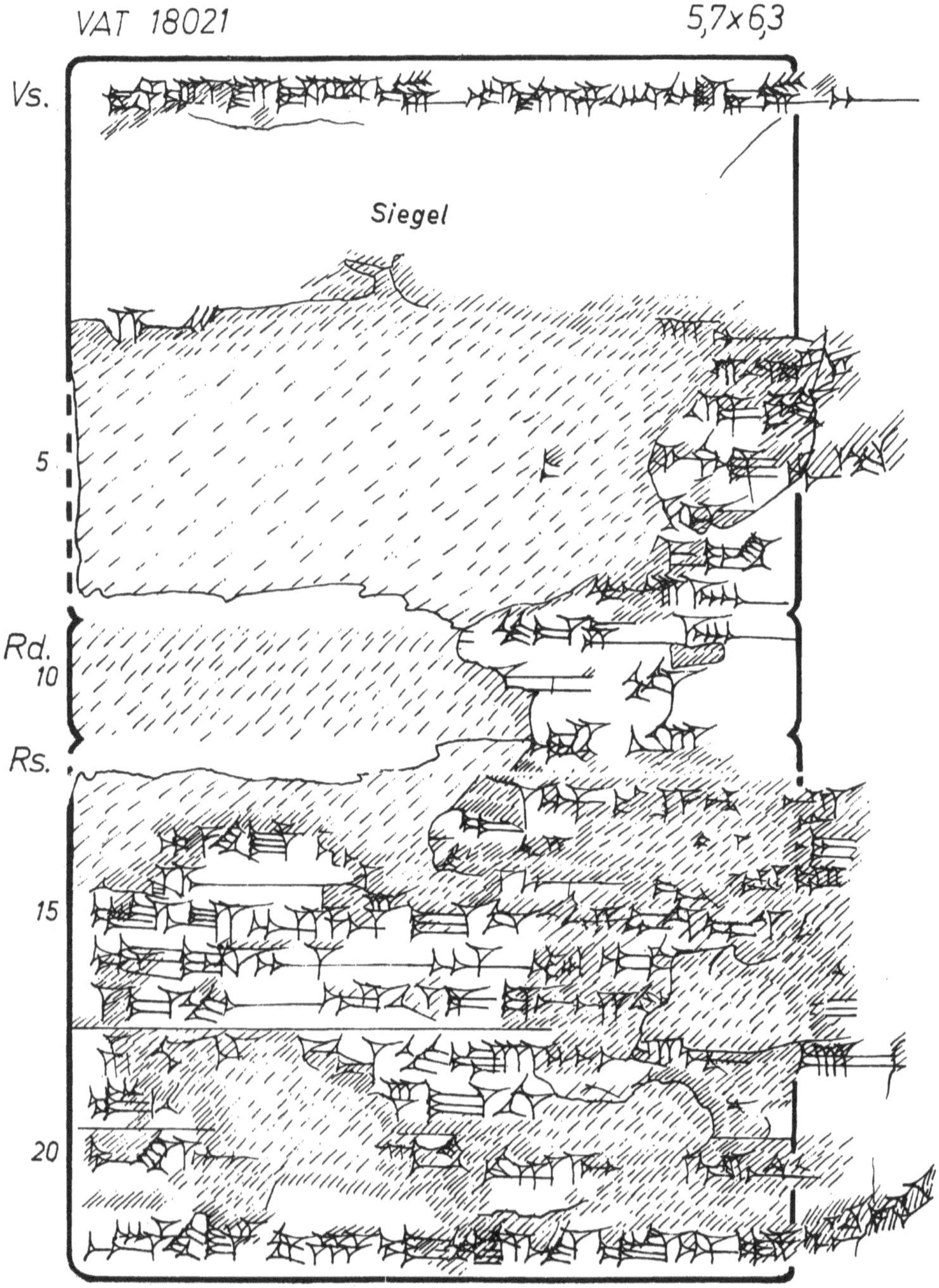


Siegel auf dem oberen Rd. und dem l. Seitenrd.

# 24 (Forts.)

spiegelbildliche Kopie der Abdrücke auf der Innenseite der Hülle

## Hülle

5,5 x 7,6

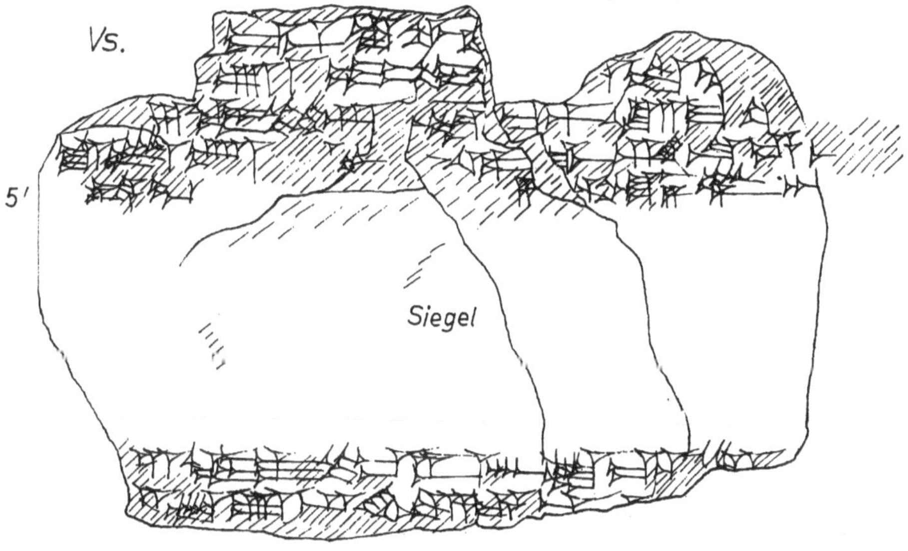


5,4 x 7,0

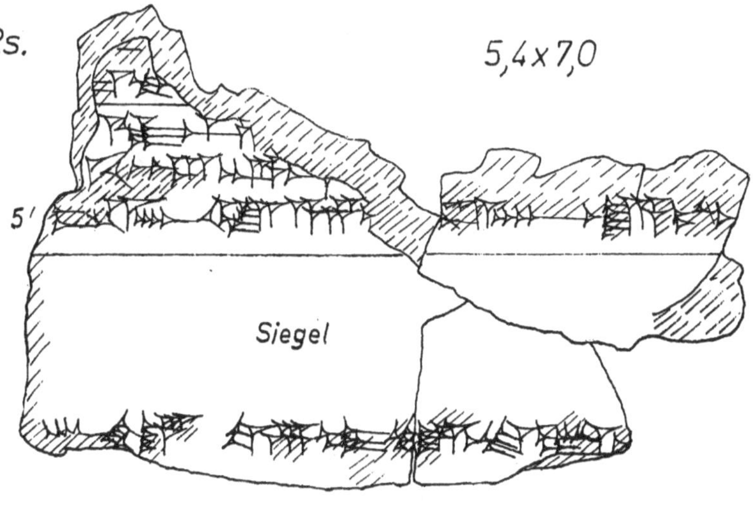

25

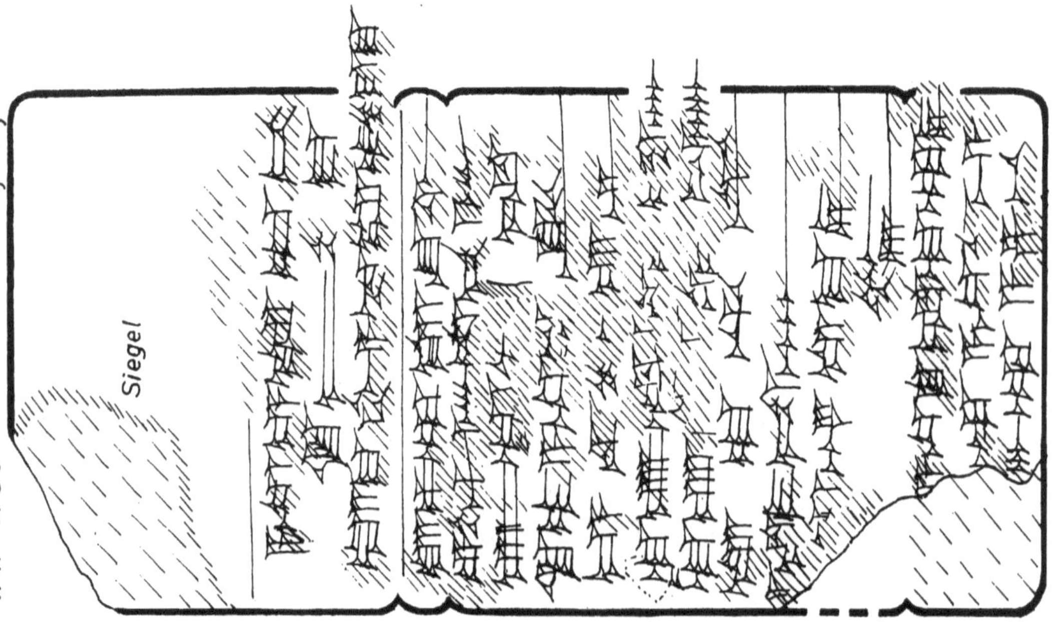
VAT 8760
4,9x5,3
Siegel
Vs.
Rd.
Rs. 5
10
Rd. 15

26

VAT 8708
4,4x5,3
Vs.
5
Rd.
Rs.
10
Rd.

l. Rd.

**27**

VAT 18086

11,1×10,6

Vs? III?

IV?

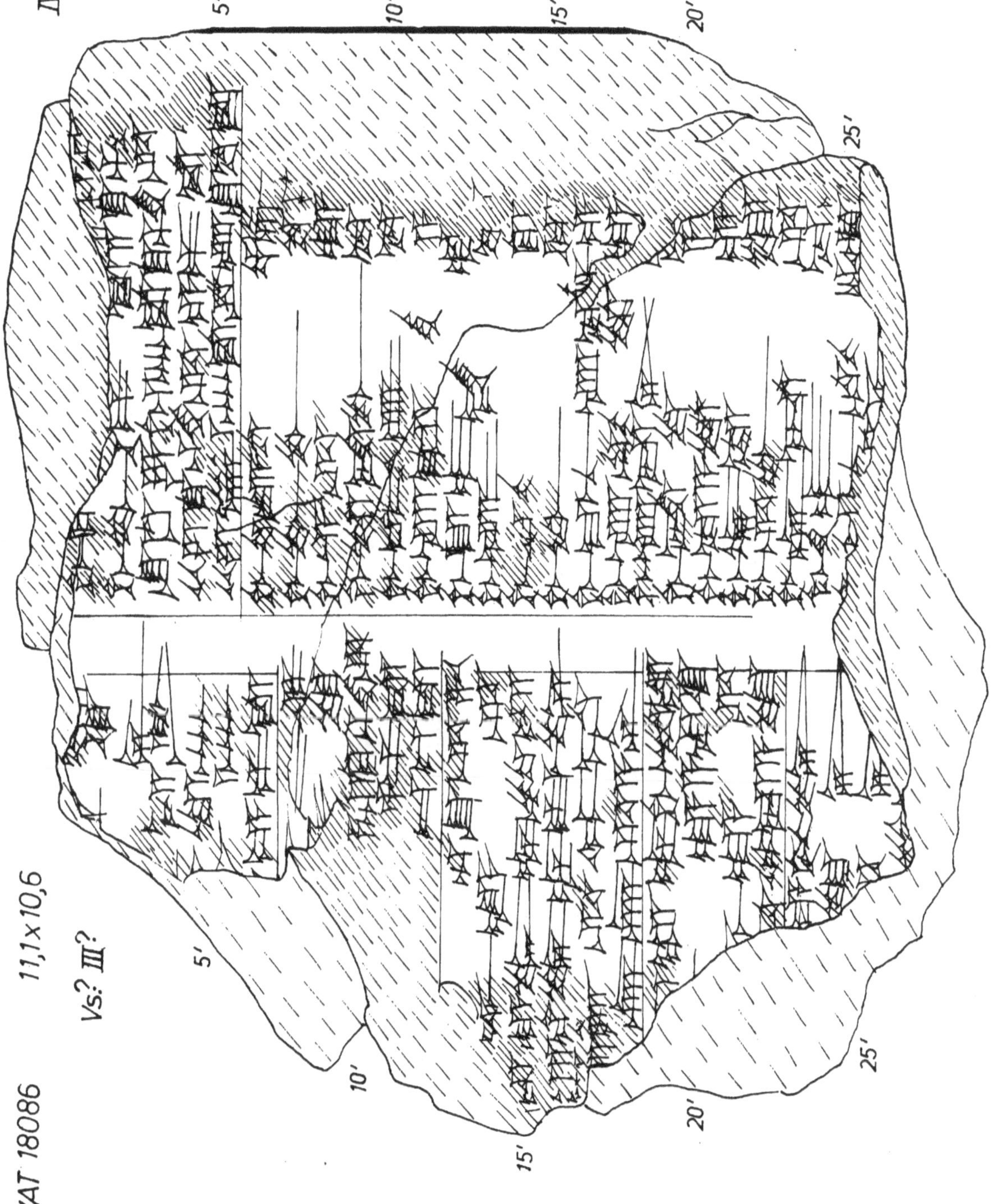

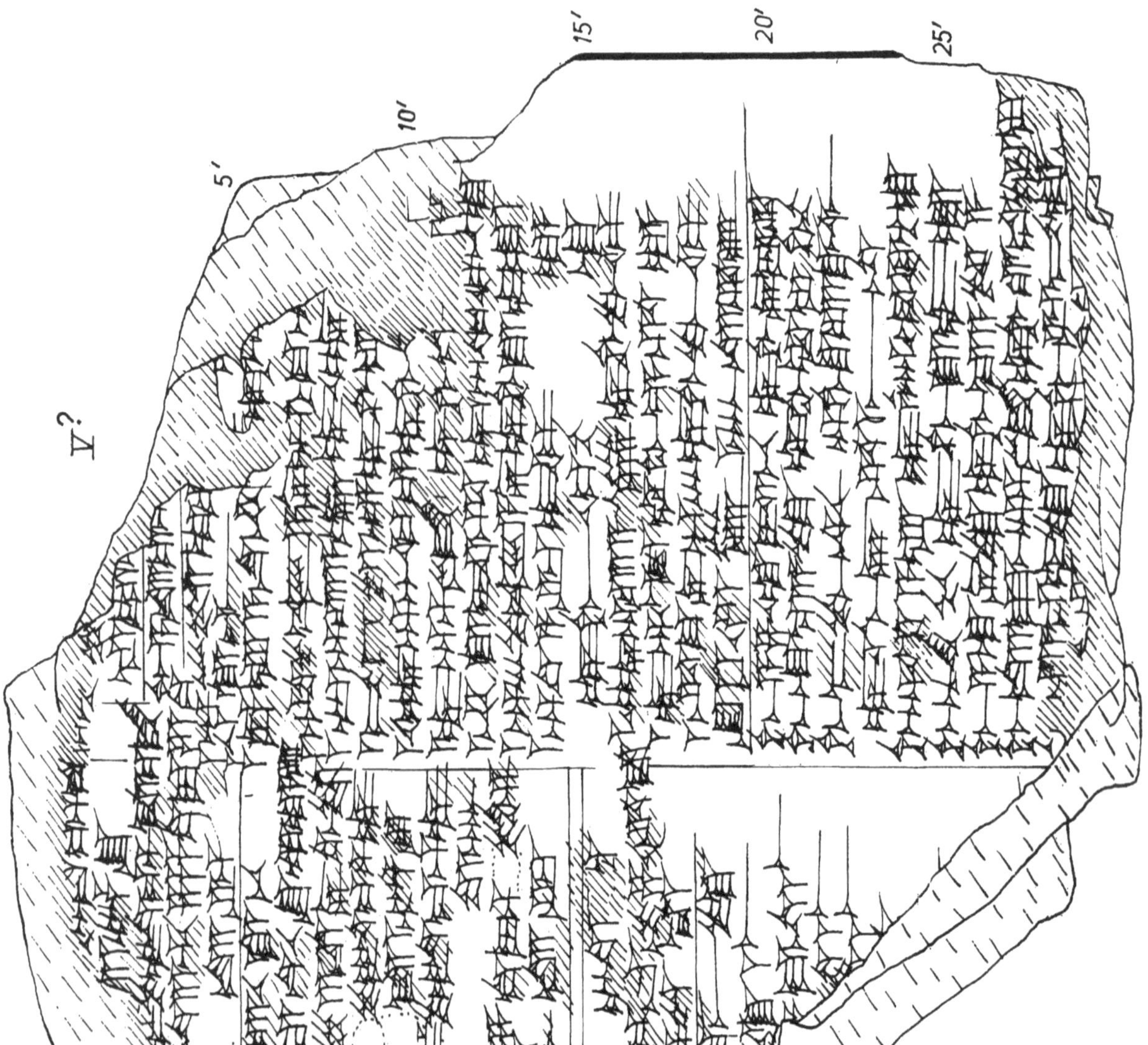


**27** (Forts.)

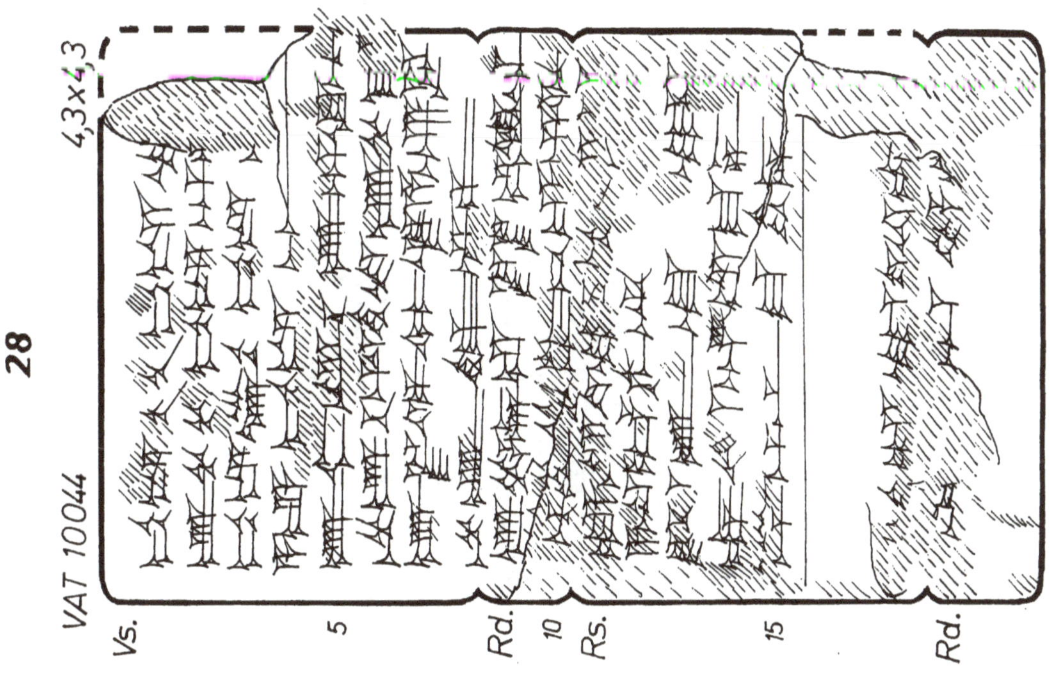
28
VAT 10044
4,3×4,3
Vs.
Rd.
Rs.
Rd.

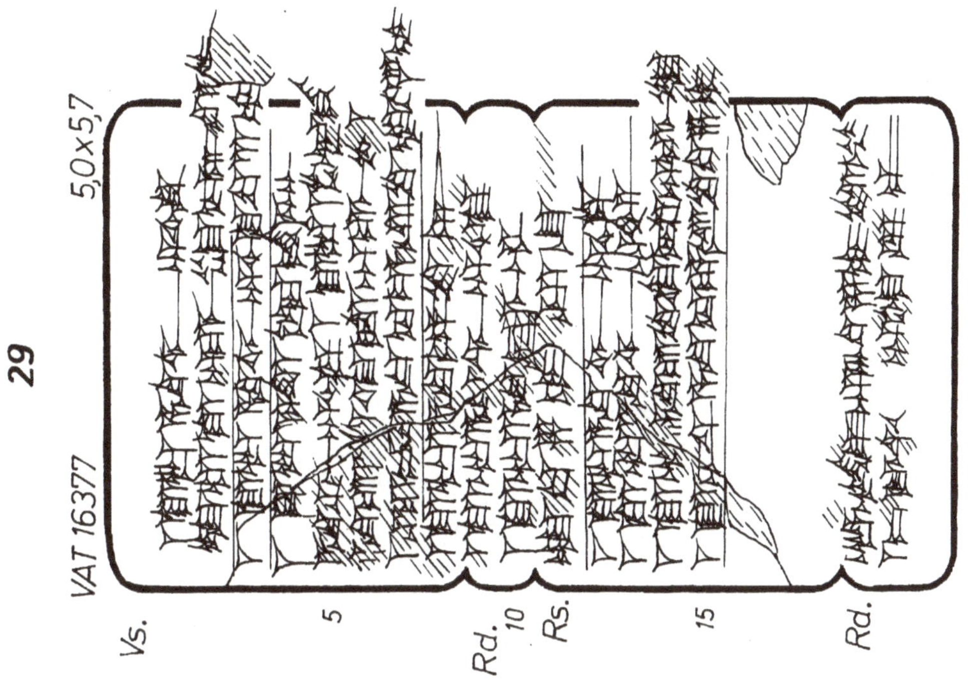
29
VAT 16377
5,0×5,7
Vs.
Rd.
Rs.
Rd.

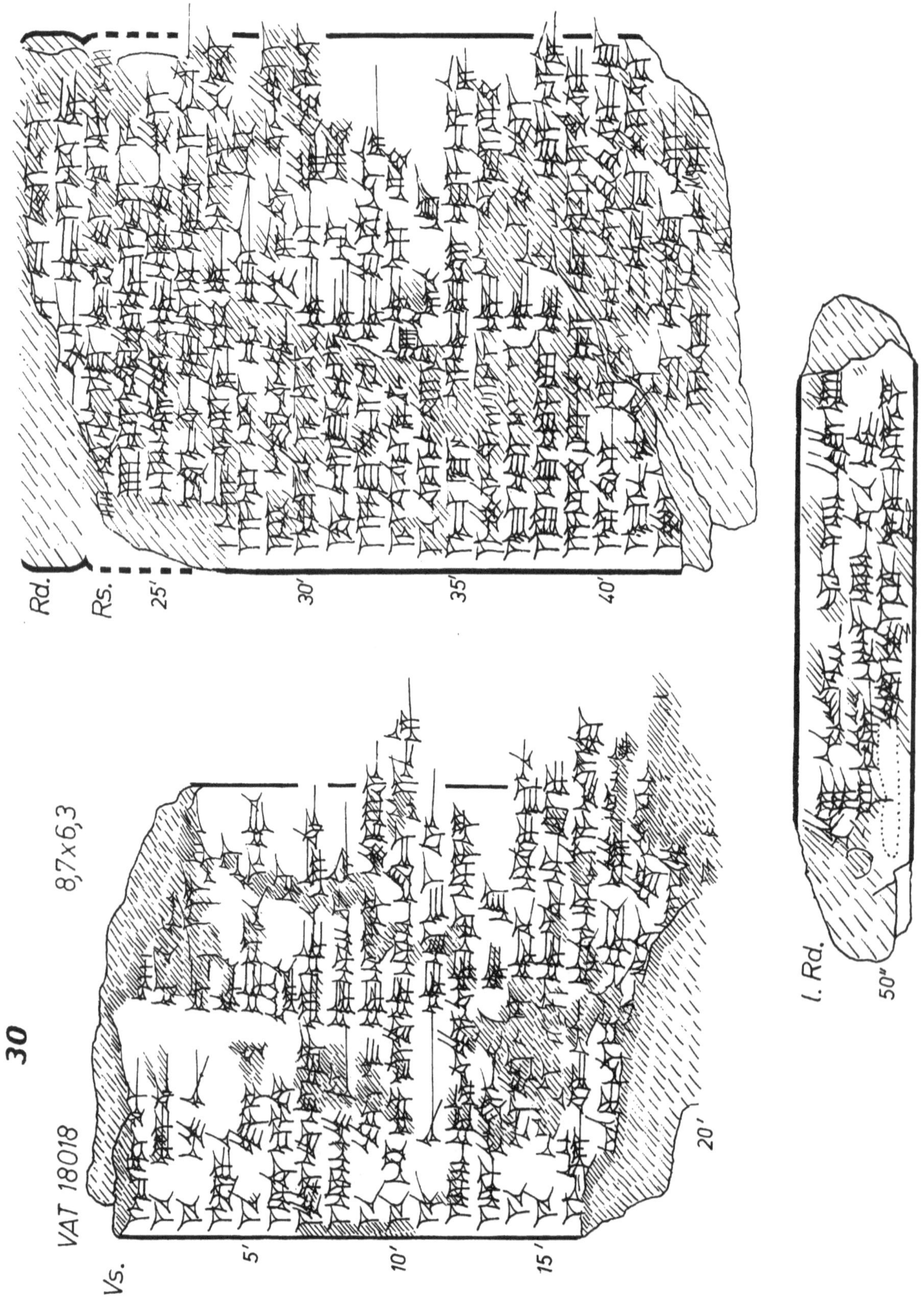
30
VAT 18018
8,7x6,3
Vs.
Rd.
Rs.
l. Rd.

**31**

VAT 9019 6,4 x 5,3

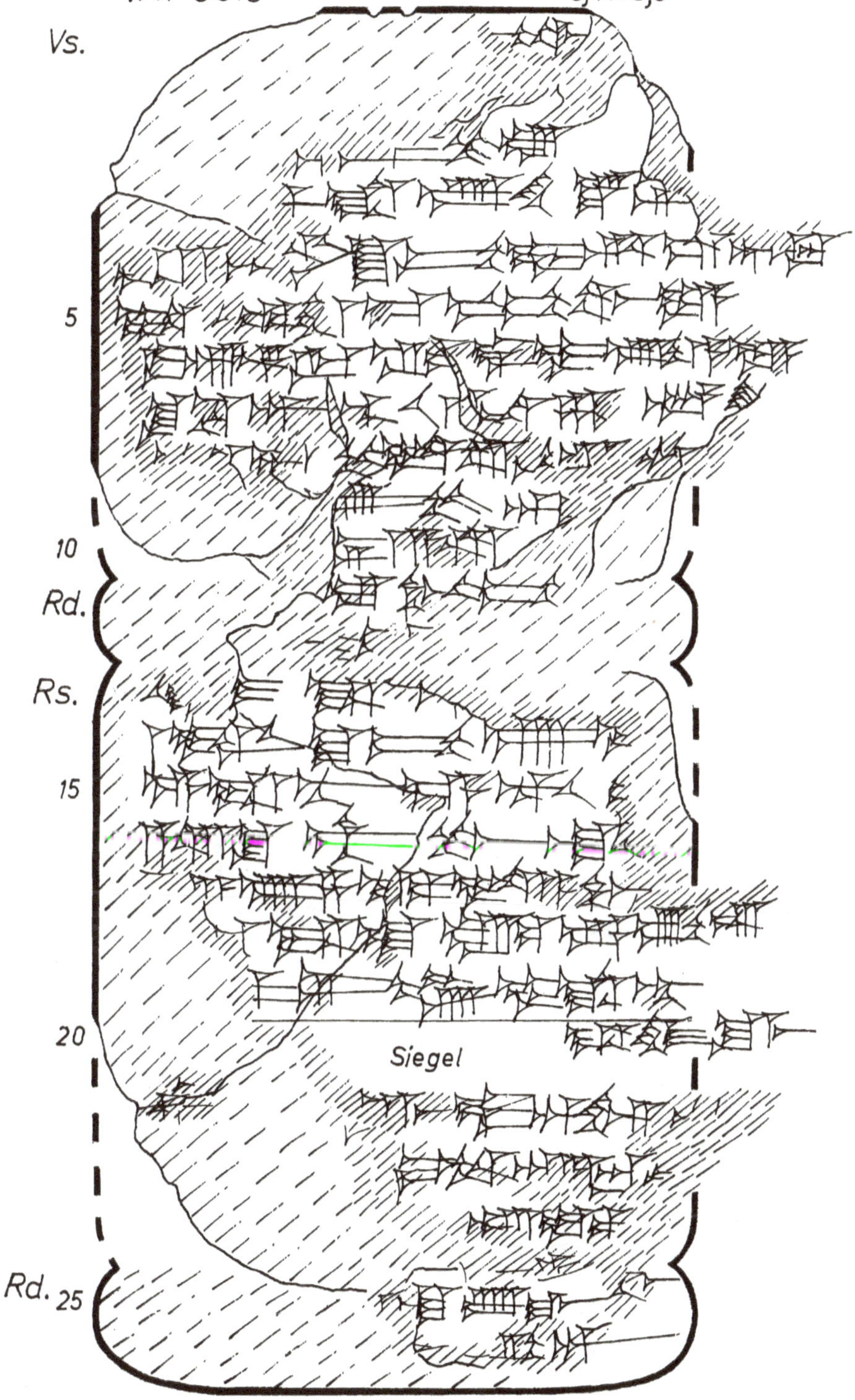


Siegel auf dem linken Seitenrand

## 32

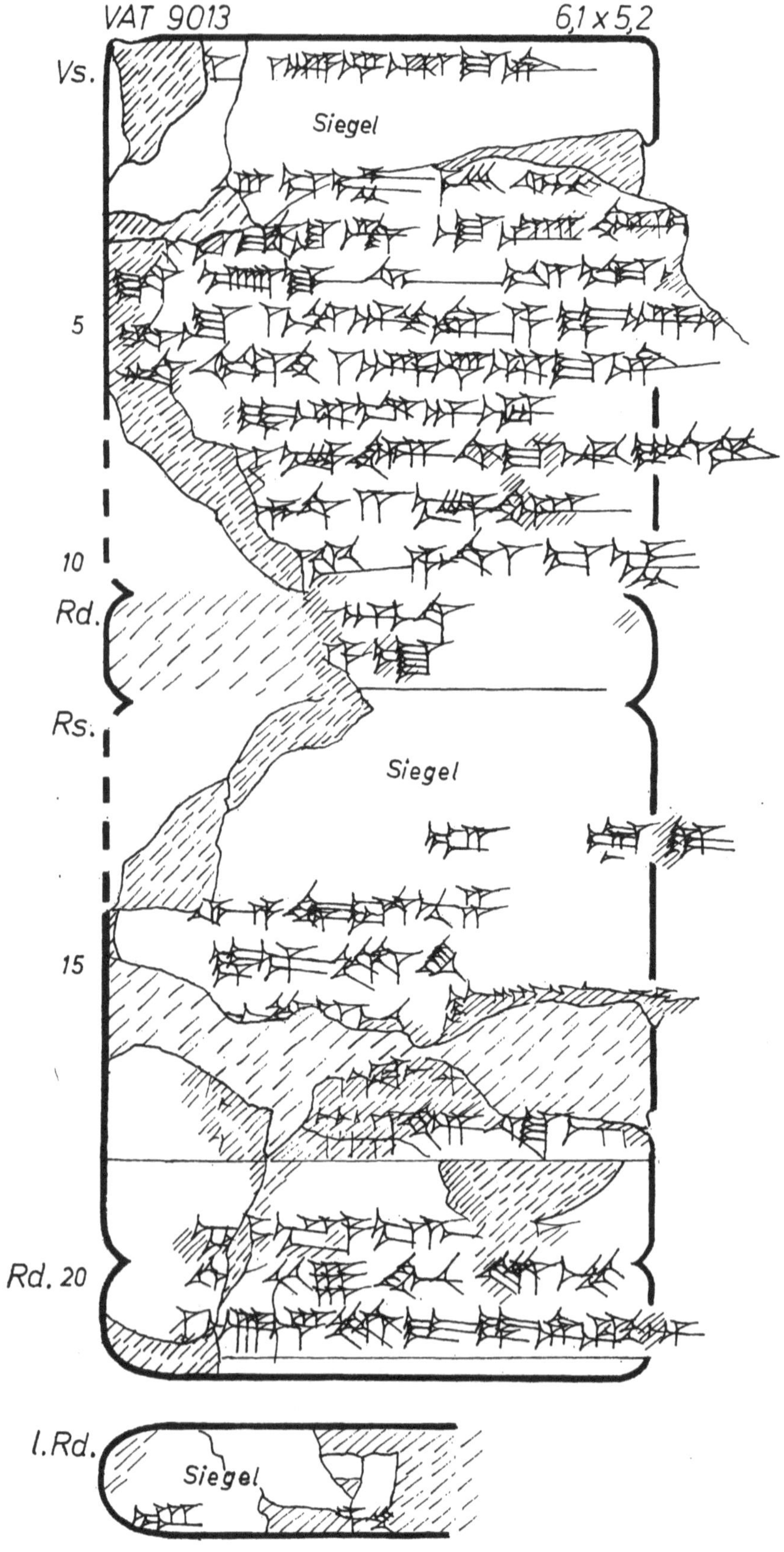